Yvonne Oswald / Sandra Vlasta

Reisen im Salzkammergut

Inneres Salzkammergut und Ausseerland

Yvonne Oswald / Sandra Vlasta

Reisen im Salzkammergut

Inneres Salzkammergut und Ausseerland

braumüller
lesethek

Bibliografische Information der Deutschen Nationalbibliothek
Die Deutsche Nationalbibliothek verzeichnet diese Publikation in der Deutschen Nationalbibliografie; detaillierte bibliografische Daten sind im Internet über http://dnb.d-nb.de abrufbar.

Printed in Austria

1. Auflage 2011

Servitengasse 5, A-1090 Wien

www.braumueller.at

Karte S. 6, 22, 32, 50, 55, 86, 91, 104, 116, 124, 129 © Ed. Hölzel, Wien, www.hoelzel.at, Fotos S. 12 und 14 Archiv Salinen Austria AG, Foto S. 39 Naturhistorisches Museum Wien.
Beigelegte Karte: © freytag & berndt
Wir danken den Salzwelten Altaussee und Hallstatt für die Aufnahmegenehmigung in den Schaubergwerken.

Fotos: Yvonne Oswald
Text: Sandra Vlasta
Druck: Ferdinand Berger & Söhne Gesellschaft m.b.H., A-3580 Horn
ISBN 978-3-99100-051-8

Inhalt

Bild links: Detail aus Hallstatt
Coverbild: Hallstatt

Salzkammergut

Inneres Salzkammergut und Ausseerland

Das Salzkammergut – eine der landschaftlich schönsten und bekanntesten Regionen Österreichs, geprägt von Seen und Bergen, Wäldern und Flüssen. Die dreiteilige Reihe *Reisen im Salzkammergut* möchte Sie einladen zu einer faszinierenden Entdeckungsreise durch die zehn Regionen des Salzkammerguts. Auf der Fahrt ins *Innere Salzkammergut und Ausseerland* führen wir Sie ins historische Herz des Gebiets, wo der Salzabbau seinen Ausgang genommen hat. Die wirtschaftliche Bedeutung geht lange vor unsere Zeit zurück: Die Salzvorkommen wurden seit prähistorischer Zeit genützt und gaben dem Kulturraum politisches und wirtschaftliches Gewicht. Im 19. Jahrhundert wurde das Salzkammergut schließlich zur bevorzugten Sommerfrische des Adels und Großbürgertums.

Unsere Reise führt Sie zu versteckten Kleinoden abseits bekannter Reiseziele und zeigt das heutige Leben im Salzkammergut. Viele Fotos und aufschlussreiche Texte bringen Ihnen die reizvollen Berg- und Seenlandschaften näher, geben Einblick in die reiche Geschichte und das immer noch lebendige Brauchtum der Region und machen aufmerksam auf die zahlreichen Details, die jeden Ort, jedes Tal so einzigartig und unverwechselbar machen. Kapitel zu Tracht und Handwerk sowie viele Informationen und Bilder zu Traditionen und Brauchtum, die besonders in den beiden Regionen Inneres Salzkammergut und Ausseerland noch lebendig sind, runden die Entdeckungsreise ab.
In jedem Kapitel dient Ihnen ein Detailausschnitt aus der Karte zur Orientierung.

Salz – das weiße Gold

Salzkammergut – der Name der Region macht bereits deutlich, worauf ihr Reichtum gründet, was diesen Zusammenhalt unterschiedlichster Gebiete über die Jahrhunderte geschaffen hat und nach wie vor formt: Salz, das weiße Gold. Die Geschichte des kostbaren Gutes ist untrennbar mit jener des Salzkammerguts verbunden. Nach den neuesten archäologischen Funden ist anzunehmen, dass diese Verbindung vor rund 7000 Jahren begonnen hat, und nach wie vor ist Salz, abgesehen von der wunderbaren Landschaft, einer der Schätze der Region, sei es als Rohstoff oder als Attraktion für Besucher.

Detail vom Salzberg

Das Salzkammergut wurde bis zum 16. Jahrhundert das „Ischlland" genannt, wobei diese Bezeichnung für die Gegend zwischen Hallstätter See und Traunsee galt; das Ausseerland war nicht eingeschlossen. Das Ischlland war bereits Anfang des 14. Jahrhunderts zum „Kammergut" geworden. Dies bedeutet, dass es dem Landesfürsten unterstellt war und direkt von der Hofkammer (die dem heutigen Finanzministerium entsprach) in Wien verwaltet wurde. Wiederum ist es das Salz, das dieses große Interesse der Landesherren, der Habsburger, begründete. Bis Mitte des 19. Jahrhunderts wurde zwischen dem oberösterreichischen und dem steirischen Salzkammergut unterschieden. Als das einst mächtige Salzamt 1850 zur Salinen- und Forstdirektion wurde und die Region immer stärker vom Fremdenverkehr profitierte, wurden auch die alten Grenzen nicht mehr so streng gesehen. Bis heute ist es nur positiv für die ansässigen Fremdenverkehrsämter, wenn das bei den Besuchern beliebte Salzkammergut ein möglichst großes Gebiet umfasst. Und so gehören heute auch Regionen dazu, die vormals hauptsächlich als Holzlieferanten für den Betrieb der Salinen wichtig waren, aber selbst nicht zum Kammergut zählten – z. B. das Almtal oder die Region Fuschlsee.

Über den Beginn des Salzabbaus im Salzkammergut weiß man wenig, die frühesten Funde am Salzberg in Hallstatt – ein Pickel aus Hirschgeweih sowie einige Steinbeile – sind ungefähr 7000 Jahre alt. Allerdings ist es bislang nicht gelungen, die vielen Rätsel, die sich aus den Funden ergeben, zu klä-

Gräberfeld am Hallstätter Salzberg

ren. Die Blütezeit des prähistorischen Salzabbaus in Hallstatt konzentriert sich auf zwei Perioden: die mittlere Bronzezeit (um 1500 v. Chr.), aus der die ältesten Nachweise für einen Salzbergbau stammen, und die Hallstattzeit (900 v. Chr. bis Mitte des 4. Jh. v. Chr.).

Aus der Bronzezeit sind zahlreiche Werkzeuge erhalten geblieben: Pickel, Tragekörbe, Holzschaufeln, Seile etc. 2003 machten die Archäologen einen weiteren spektakulären Fund: Im Christian-von-Tusch-Werk gab das Heidengebirge – Gesteinszonen, in denen Spuren von prähistorischem Bergbau zu finden sind – die mit 3350 Jahren wohl älteste Holzstiege der Welt frei. Besonders eindrucksvoll ist die flexible Konstruktionsweise dieser Stiege, die in Einzelteile zerlegbar und je nach Neigung verstellbar ist. Ein Zeugnis hoher bronzezeitlicher „Ingenieurskunst"!

300 Jahre nach dem Ende des bronzezeitlichen Salzabbaus begann jene Zeit, deren Namen die Wissenschaft Mitte des 19. Jahrhunderts von dem Hauptfundort abgeleitet hat: die Hallstattzeit. Es ist die wahre Blütezeit des prähistorischen Salzabbaus, während der Hallstatt zu einem bedeutenden Wirtschaftszentrum wurde. Luxusgüter aus weit entfernten Gegenden konnten die Archäologen im berühmten Gräberfeld oberhalb des heutigen Ortes sicherstellen – Zeichen für intensiven Handel und Austausch. Allerdings verlor Hallstatt zu jener Zeit auch seine Monopolstellung. Salzabbau während der älteren Eisenzeit, wie die Periode wegen des neu entdeckten Rohstoffs auch ge-

Bild oben: Hallstattzeitliches Schaugrab im Hochtal
Bild unten: Hallstätter Herzen im prähistorischen Salzbergwerk
Bild rechts: Ein einzigartiger Fund – die gut erhaltene bronzezeitliche Holzstiege

nannt wird, kann ebenso in Dürrnberg bei Hallein nachgewiesen werden.
Trotz des neuen Werkstoffs Eisen verwendeten die Bergleute in Hallstatt weiterhin Bronzepickel; der Grund dafür konnte bislang nicht geklärt werden. Verändert wurde allerdings die Abbauart des Steinsalzes. Man ging nun dazu über, große Steinsalzplatten aus dem Berg zu lösen. Diese Art des Salzabbaus hat Spuren hinterlassen: Herzförmige Abbaufiguren, die berühmten „Hallstätter Herzen", zieren die Wände und Decken des eisenzeitlichen Hohlraums im Stügerwerk.
Im Unterschied zur Bronzezeit, aus der wir hauptsächlich Spuren des Salzabbaus, aber kaum solche des täglichen Lebens haben, ist aus der Hallstattzeit mit dem Gräberfeld ein Zeugnis prähistorischer Zeit erhalten. Bereits im frühen 18. Jahrhundert wurde von Skelettfunden im Hallstätter Hochtal berichtet. Die wichtigsten frühen Ausgrabungen stammen allerdings aus der Mitte des 19. Jahrhunderts, als Bergmeister Johann Georg Ramsauer insgesamt 980 Gräber freilegte. Ramsauer war zwar archäologischer Laie, doch führte er systematische Ausgrabungen durch, die detailliert dokumentiert wurden. Von seiner Arbeit liegen hervorragende Aquarelle der Gräber vor, die Isidor Engl, ein Salinenbeamter, anfertigte. Bis in die heutige Zeit gab es immer wieder Grabungstätigkeiten, die stets neue Gräber – insgesamt sind es mitt-

lerweile 1500 – zutage gebracht haben.

Interessant sind vor allem die Grabbeigaben: Ton- und Keramik-, ja sogar Glasgefäße, wahrscheinlich Proviantbehälter und zum Zeitpunkt der Bestattung mit Speisen und Getränken gefüllt. Auch Haar- und Gewandnadeln, Fibeln sowie Eisenmesser, Dolche und Schwerter sind in den Gräbern erhalten geblieben. Die Gegenstände erzählen nicht nur von den Bestattungen, sondern auch von den Handelskontakten: Die gefundenen Glasschalen kommen wahrscheinlich aus dem oberen Adriaraum, einige kunstvolle Elfenbeinschnitzereien stammen aus Afrika oder Asien, könnten aber auch über Zwischenhändler nach Hallstatt gelangt sein. Selbst Schmuck aus Bernstein, ebenfalls ein importiertes Luxusgut, wurde einigen Verstorbenen beigegeben.

Der hallstattzeitliche Bergbau ging durch eine Katastrophe jäh zu Ende. Um die Mitte des 4. Jahrhunderts v. Chr. wurde das Salzbergtal von einer Mure erfasst, die den weiteren Salzabbau nicht mehr möglich machte.

Ab 1278 wurden die östlichen Teile des heutigen Salzkammerguts von den Habsburgern regiert, die daran interessiert waren, den Salzabbau in der

Region wieder verstärkt zu betreiben. Damit standen sie in Konkurrenz zum Erzbistum Salzburg, das mit der Salzproduktion am Halleiner Dürrnberg einen wirtschaftlichen Aufstieg erfuhr. Die Habsburger hatten im Salzkammergut jedoch zwei Salzvorkommen zur Verfügung: Hallstatt und Altaussee. Die Konkurrenz zwischen dem Salzburger Erzbischof und den Habsburgern führte schon bald zum „Salzkrieg" (1291–1297), an den noch heute hoch über den Dächern Hallstatts der mächtige Rudolfsturm erinnert. Er wurde als Wehranlage vom Habsburgerkönig Albrecht I. erbaut und wohl nach seinem Vater Rudolf I. benannt. Als Albrecht I. 1308 starb, übernahm seine Witwe Elisabeth von Görz-Tirol die Neuorganisation des Hallstätter Salzwesens. Sie ließ weitere Stollen schlagen und machte den Salzberg sowie das für den Weitertransport des Salzes wichtige Trauntal von Hallstatt über Ischl bis Gmunden – das damals sogenannte Ischlland – zum Kammergut, das fortan direkt den Landesfürsten unterstellt war, also quasi zum Privatbesitz der Habsburger wurde. Es war eine der wichtigsten Einnahmequellen für die Kassen der Landesfürsten, entsprechend ernst nahm man seine Verwaltung.

Der „Salzamtmann", der als hoher kaiserlicher Beamter nur der Hofkammer – also dem heutigen Finanzministerium – verpflichtet war, hatte von seinem Amtssitz in Gmunden aus die Oberhoheit über praktisch alle Belange des täglichen Lebens der Bevölkerung. Aus- und Einreisen in die Region waren kaum möglich, es galt Sesshaftigkeit. Auch Eheschließungen wurden reglementiert. Dafür war die Bevölkerung des Kammerguts vom Militärdienst und von Steuern befreit und es gab medizinische Versorgung. Diese Abgeschlossenheit hat wohl auch dazu geführt, dass sich in dieser Region einzigartige Traditionen und ein besonderes Brauchtum entwickelt haben. Was heute von Besuchern und Einheimischen als typisch geschätzt wird, ist zum Teil auf eine Situation zurückzuführen, die von den Bewohnern sicher alles andere als positiv erlebt wurde. Die Entwicklung ganz eigener Bräuche war eine Möglichkeit, der bedrückenden Situation im täglichen Leben – der von Leibeigenen nicht unähnlich – zu ent-

Linke Seite Bild oben: Historische Salzproduktion: Leere Sudpfanne
Linke Seite Bild unten: Archäologen selchen den Speck wie in prähistorischer Zeit
Bild unten: Das Steinberghaus am Altausseer Salzberg

Bild links: Detail Altausseer Bergwerk
Bild rechts: Erste Fremdbefahrungen – hier in Hallstatt

fliehen. Auch die Konkurrenz in Hallein und der damit verbundene Preiskampf wirkten sich negativ auf die Lebensbedingungen der Arbeiter aus, die schlecht (und oft in Naturalien) entlohnt wurden. Aufstände wurden brutal niedergeschlagen, den Einheimischen blieb nur die Unterwerfung unter die jeweiligen Herrscher.

Diese wurden immer mächtiger: Ende des 14. Jahrhunderts erwarben die Habsburger mit dem Attergau rund um den Attersee einen wichtigen Holzlieferanten. Große Mengen an Holz wurden in den Pfannhäusern benötigt, in denen die Sole erhitzt wurde, bis das gesamte Wasser verdampft war und das Salz übrig blieb. Etwa zur selben Zeit beschlossen die beiden Söhne Albrecht II. den „Neuberger Teilungsvertrag": Albrecht III. erhielt unter anderem Hallstatt, Ober- und Niederösterreich sowie die Stadt Steyr, Leopold III. unter anderem die Steiermark und damit die Saline Aussee, Kärnten, Krain, Tirol, Inneristrien und das Küstenland an der Adria. Hallstatt wurde in der Folge allerdings mehrmals an verschiedene Pächter vergeben, die Wälder rücksichtslos ausgebeutet, der Salzberg zum Sanierungsfall.

Erst Maximilian I. gelang neben der Wiedervereinigung der beiden Habsburgerlinien auch die Reform der Salinen. Er beendete die Pachtverhältnisse in Hallstatt und unterstellte den Salzberg nun direkt einer Regierungsbehörde. Er ließ das Innere Salzkammergut wieder aufforsten. Als zusätzliche Holzlieferanten erwarb Maximilian das waldreiche Mondseeland sowie Teile des Wolfgangsees. Anfang des 16. Jahrhunderts waren sowohl der oberösterreichische als auch der steirische Teil des Salzkammerguts wertvolle Einnahmequellen geworden, die sich wieder fest in der Hand der Habsburger befanden.

Bereits im 9. Jahrhundert hatte man begonnen, Salz auf dem Wasserweg über die Traun von Hallstatt bis zur Donau zu transportieren. Relativ bald ging man daran, Alternativen zum Transport auf dem Wasserweg zu suchen. Das hatte vor allem auch mit dem Bau der Saline Ebensee im ausgehenden 16. Jahrhundert unter Rudolf II. zu tun. Der Standort wurde aufgrund des üppigen Waldvorkommens gewählt: Im Gebiet von Hallstatt war Holz knapp geworden, um Ebensee hingegen gab es reichlich davon. Nun war es aber notwendig, die Sole zur Saline zu transportieren. Um die rund 40 km lange Strecke zu überwinden, wurde 1592 mit der Konstruktion der ersten Soleleitung begonnen. Ein Problem ergab sich an jener Stelle, wo das Gosautal in das Be-

Gefaltete Steinsalzschichten im Altausseer Bergwerk

Johann Spielbüchler als handwerkliche Meisterleistung schuf. Die Brücke, nach der alten Leitung ebenfalls „Gosauzwang" genannt, ist übrigens noch heute erhalten und kann von schwindelfreien Wanderern begangen werden. Die Soleleitung besteht mittlerweile aus Kunststoffrohren, ist aber immer noch in Betrieb; die Wanderung entlang der Leitung bietet wunderschöne Ausblicke.

cken des Hallstätter Sees mündet: Die tiefe Talsenke war nur mittels einer Druckrohrleitung zu überwinden. Die „Ingenieure" hatten so die erste Pipeline Österreichs, den sogenannten „Gosauzwang", gebaut. 1775 ordnete Josef II. den Bau einer Brücke über das Gosautal an, die der Holzbaumeister

Seit jeher war das Salzkammergut für die Habsburger nicht nur eine wirtschaftlich bedeutende Region, sondern lud mit seinen weiten Jagdgründen auch zu Aufenthalten abseits geschäftlicher Termine ein. Bereits Kaiser Franz I. hielt sich 1826 vor allem deshalb in Gmunden auf, um gemeinsam mit seinen Gästen die schöne Gegend

Bild oben: Barbarakapelle im Altausseer Salzbergwerk
Bild unten: Ehemaliger Lagerraum der Kunstwerke im Altausseer Salzbergwerk

See und Bühne im Altausseer Salzbergwerk

zu genießen. Die Orte wurden bei solch hohen Besuchen entsprechend festlich herausgeputzt, auch gab es prunkvolle Empfänge für die hohen Gäste. Die Lebensrealität der Bevölkerung war aber eine ganz andere: Die Arbeiter in den Salzbergwerken verdienten so wenig, dass sie ums Überleben kämpften, bei der schweren Arbeit waren Männer wie Frauen gleichermaßen eingesetzt, der Gesundheitszustand eines Großteils der Bevölkerung war miserabel. Zeitgenössischen Reiseberichten vom Anfang des 19. Jahrhunderts kann man entnehmen, dass die Menschen abgezehrt aussahen und Besucher um Geld und Essen angeflehten.

Der schlechte Gesundheitszustand der Salinenarbeiter war es denn auch, der den Salinenarzt Dr. Josef Götz dazu brachte, Hautkrankheiten, Gicht oder Rheumatismus versuchsweise mit warmen Solebädern zu behandeln. Aufgrund der guten ersten Ergebnisse seiner Therapie ließ Dr. Götz in Ischl ein Badehaus errichten. Sein Erfolg sprach sich bis nach Wien durch, wo der prominente Dr. Franz Wirer den Gedanken aufgriff. Er ließ sich in Ischl nieder, wo er gedachte, ein „Meerbad in den Alpen" zu schaffen. Auch Wirer war mit seinen Kuren erfolgreich und es gelang ihm, reiche Patienten aus ganz Europa für den kleinen Ort zu begeistern. Der Durchbruch Ischls als Kurort ist aber wiederum auf die Habsburger zurückzuführen: Als die Ehe zwischen Erzherzog Franz Karl und Prinzessin Sophie von Bayern kinderlos zu bleiben drohte, verordnete die Erzherzogin ihrer Bezie-

Kunstwerke im Salzbergwerk

Eine besondere Verquickung von Interessen ergab sich 1944 in Altaussee. Im dortigen Salzbergwerk waren von den Nationalsozialisten in ganz Europa erbeutete Kunstschätze gelagert und auf diese Weise vor Luftangriffen geschützt. Als die Niederlage immer gewisser wurde, wollte der Gauleiter von Oberdonau, August Eigruber, die Kunstwerke nicht dem Feind überlassen und plante, das Altausseer Bergwerk gegen den Befehl Hitlers sprengen zu lassen. Allerdings waren sowohl die NS-Leitung und die Belegschaft des Salinenwerks als auch der in Aussee anwesende Gestapo-Chef Ernst Kaltenbrunner, ein gebürtiger Oberösterreicher, gegen diesen Plan. Auch der wichtigste Organisator der Widerstandsbewegung im Salzkammergut, Sepp Plieseis, unterstützte die Erhaltung der Kunstwerke. Es kam zu einer ungewöhnlichen Allianz, in die beide konträre Gruppen involviert waren: Die bereits vorbereiteten Bomben, verpackt in Kisten mit der Aufschrift „Vorsicht Marmor – nicht stürzen", wurden von den Widerstandskämpfern aus dem Bergwerk geschafft, Kaltenbrunner hielt Gauleiter Eigruber hin. Bei der Sprengung wurden schließlich nur die Stolleneingänge verschüttet, die wertvollen Kunstwerke konnten später geborgen werden.

Kaltenbrunner forderte übrigens eine Gegenleistung für die Kooperation: ein sicheres Versteck, in dem er die Ankunft der Alliierten abwarten wollte. Die Partisanen brachten ihn auf eine Hütte im Toten Gebirge, einige Tage später jedoch führten sie auch amerikanische Militärs dorthin. Kaltenbrunner wurde im Nürnberger Prozess zum Tode verurteilt.

hung würzige Kurluft in Ischl. Die Therapie zeigte Wirkung: Sophie gebar insgesamt vier Söhne, einer davon war Franz Joseph, der spätere Kaiser von Österreich-Ungarn. Die Familie hielt dem Kurort die Treue, vor allem Franz Joseph, der in Ischl seine spätere Frau Sisi kennenlernte. Mit diesem hohen Besuch hatte sich die Region als Reiseziel endgültig etabliert, Ischl wurde, zumindest in den Sommermonaten, zum noblen Kurort. Wo die Aristokratie den Sommer verbrachte, gesellte sich bald auch das Bürgertum dazu, genauso wie zahlreiche Künstler, Maler, Komponisten und Literaten, die im Salzkammergut ihre „Sommerfrische" verbrachten.

Für die Einheimischen war diese Entwicklung erfreulich, der beginnende Tourismus erforderte Arbeitskräfte und bot eine Alternative zur harten Arbeit im Salzbergwerk.

Der zunehmende Reiseverkehr war auch für weitere infrastrukturelle Neuerungen im Salzkammergut verantwortlich: Mit der heutigen Westbahn konnte man ab 1860 von Wien nach Salzburg reisen, 1877 erreichte die Eisenbahn auch Gmunden, Ischl und Aussee. Dieser Fortschritt öffnete das ehemals abgeschlossene und schwer zugängliche Salzkammergut der großen Welt – eine Offenheit, die bis heute von der Bevölkerung zwiespältig gesehen wird.

Die erste Hälfte des 20. Jahrhunderts brachte dunkle Zeiten auch ins Salzkammergut: Viele prominente Nationalsozialisten schätzten das Salzkammergut aufgrund seiner reizvollen Landschaft als Ferienregion. Die unfrei-

willige Umarmung der Region durch den Nationalsozialismus führte dazu, dass sie schneller als andere Gegenden Österreichs „arisiert" wurde. Nach dem Anschluss Österreichs an das Deutsche Reich mussten jüdische BürgerInnen ihre Ferien- und Sommerhäuser verlassen oder billigst verkaufen, viele der Villen wurden beschlagnahmt oder, wie die „Villa Roth" in Grundlsee, von führenden Nationalsozialisten für die Sommerfrische genutzt.
Während des Nationalsozialismus gab es im Salzkammergut etliche Befürworter und Mitläufer, ein Umstand, an den sich heute niemand mehr gerne erinnert. Der organisierte Widerstand war eher gering und trat zum Teil als Partisanenbewegung auf, deren Hauptaufgabe in Aufklärungsarbeit bestand; zum Beispiel wurden illegale Flugzettel gedruckt und verteilt, Betriebe wurden sabotiert, man versuchte, den Widerstand in der Region zu vernetzen.
Salz spielt im Salzkammergut nach wie vor eine bedeutende Rolle. Immer noch ist die Saline Ebensee in Betrieb; Salz ist auch in der Industrie ein unverzichtbarer Rohstoff geworden. Außerdem sind einige der Stollen als Schaubergwerke für Besucher geöffnet: In Hallstatt und Altaussee kann man sich in den „Salzwelten" auf die Spur der prähistorischen Bergarbeiter machen, moderner und bronzezeitlicher Bergbau geben sich hier die Hand.

Bild rechts: Bei der Seeklause in Steeg
Nächste Doppelseite: Die Dächer von Hallstatt

Inneres Salzkammergut – Bad Goisern

Eine Reise in die Region „Inneres Salzkammergut" bedeutet, den historischen Kern des Salzkammerguts, den der Hallstätter Salzberg bildet, zu erkunden. Das Salz und der Salzabbau prägen seit Jahrtausenden die Kulturlandschaft um Hallstatt. Zahlreiche Monumente wie der Rudolfsturm, die Seeklause in Steeg, der „Gosauzwang" oder die Chorinsky-Klause, technische Meisterleistungen ihrer jeweiligen Zeit, zeugen von der Bedeutung der Salzgewinnung.

Landschaftlich wird die Region vom mächtigen Dachsteingebirge domi-

Musikschule in Bad Goisern

niert, auf das man hier immer wieder beeindruckende Fernblicke hat. Zur Region gehören die Gemeinden Bad Goisern und Gosau, außerdem Hallstatt, das sich eng an das steile Ufer des Hallstätter Sees schmiegt, dessen südöstliche Seite bei Obertraun in einem großzügigen und sonnigen Talboden ausläuft. Gemeinsam mit dem Ausseerland wurde ein großer Teil des Inneren Salzkammerguts, insbesondere Hallstatt, 1997 von der UNESCO zum Weltkulturerbe erklärt.

Bauernkrapfen gehören zu jedem Fest im Salzkammergut

Der erste Ort, der auf dem Weg Richtung Hallstätter See zum Inneren Salzkammergut gehört, ist die Gemeinde Bad Goisern. Sie erstreckt sich über ein flächenmäßig großes Gebiet. Die weit verstreuten Siedlungen gehen auf Holzknechthütten zurück, denn in den Wäldern um Bad Goisern wurde Holz für die Sudpfannen geschlagen. Im 14. Jahrhundert wird Bad Goisern als „Gebisharn" erstmals urkundlich erwähnt. Zum „Bad" wurde das Dorf 1955, als Luftkurort und Heilbad mit Jodschwefelquellen ist es freilich bereits seit 1931 bekannt.

Bad Goisern ist für sein gelebtes Brauchtum bekannt: Von der Pflege ursprünglicher Volksmusik, über den Singvogelfang bis zum jährlich stattfindenden Gamsjägertreffen. Wohl auch aufgrund dieser speziellen Traditionen sagt man den Goiserern eine besondere Mentalität nach. Diese stellten sie bereits in Zeiten der Gegenreformation unter Beweis: Bis heute ist der überwiegende Teil der Bevölkerung protestantisch.

Einladend ist ein Aufenthalt in dem beschaulichen Ort auch aufgrund dessen regionaltypischer Architektur. An einigen Häusern findet man sehr hübsch anzusehende Spalierobstbäume, die sich an die Mauern schmiegen. Die Obstbäume werden vor allem an südlich ausgerichteten Hauswänden gepflanzt und in die Breite gezogen, indem die Äste und Zweige mit Latten oder Drahtwerk an der Wand befestigt werden. Diese Art der Kultivierung nützt einerseits einen optimalen und sonnigen Platz aus, andererseits ist die Ernte relativ einfach und die kunstvoll gezogenen Bäume sind eine Augenweide.

Bekannt ist Bad Goisern außerdem durch die berühmten „Goiserer", die immer noch maßgefertigten, zwiegenähten Bergschuhe, die bereits Kaiser Franz Joseph I. schätzte. Auch heute noch werden in der einzigen erhaltenen Werkstätte „Goiserer" angefertigt und

in die ganze Welt versandt. Der Musiker Hubert von Goisern, mit bürgerlichem Namen Hubert Achleitner, hat seinen Heimatort ebenfalls prominent gemacht und den sogenannten „Alpenrock" mitbegründet. Die Basis für seinen Erfolg liegt wohl in der Musiktradition seiner Heimat: Als Jugendlicher spielte er Trompete in der örtlichen Blasmusikkapelle, außerdem noch Gitarre, Klarinette und die Steirische Harmonika oder Knöpferlharmonika.

Im 19. Jahrhundert besuchte der berühmte Philosoph Ludwig Feuerbach Bad Goisern – er war der Einladung Konrad Deublers gefolgt, bei dem er mehrere Monate verbrachte. Deubler, der sogenannte Bauernphilosoph, Sohn eines armen Bergarbeiters, war Autodidakt, unternahm Reisen nach Wien, Venedig und Dresden und studierte die Schriften der Geistesgrößen seiner Zeit, neben Feuerbach zum Beispiel Ernst Haeckel und Ludwig Anzengruber. Das besondere Verdienst Deublers lag nicht nur in seinem Interesse und Wissensdurst, sondern auch darin, dass er versuchte, das Gelesene an die Menschen in seiner Umge-

Bild oben: Gute Stimmung bei den Gamsjagatagen
Bild unten: Singvogelfänger in Bad Goisern

bung weiterzugeben. Wenngleich Deubler selbst kein Philosoph war, so war er doch ein wichtiger Vermittler und Verbreiter freidenkerischer Ideen im Raum des Inneren Salzkammerguts. Durch sein Mitwirken kam es zum Beispiel zur Gründung der ersten konfessionslosen Schule in Goisern.

Ende August, wenn in Bad Goisern die „Gamsjagatage" stattfinden, werden ein Wochenende lang die verschiedensten Traditionen der Region gepflegt. Dabei gibt es nahezu klassische Programmpunkte wie die Gamsbartolympiade, das Treffen der Gamsjäger, die dabei stolz ihre prunkvollen Gamsbärte in den regionalen Varianten zeigen, oder das Gamsjagaschießen, bei dem die Schützenvereine ihr Können unter Beweis stellen. Während der „Gamsjagatage" finden Brauchtums- und Trachtenfestumzüge statt, das regionale Handwerk präsentiert sich und natürlich darf die entsprechende musikalische Begleitung nicht fehlen. Hier kann man authentische Volksmusik hören und die Blasmusikkapellen in ihren Trachten bei den Umzügen begleiten. Auch die „Goiserer Beriga Pascher" geben Einblick in die hohe Kunst des gemeinsamen rhythmischen Klatschens, „des Påschens", einer weiteren Besonderheit des Salzkammerguts. Ebenso einzigartig ist die „Vogelzwitscher-EM", an der aus alter Tradition nur Männer teilnehmen. Hier geht es darum, die Stimmen des Zeisigs, des Kreuzschnabels und des balzenden Gimpels möglichst naturgetreu

Typisches „Stöckl" bei Riedln

nachzuahmen. Singvogelfänger haben bei diesem Wettbewerb erfahrungsgemäß die Nase vorn.
Wer es lieber klassisch mag, besucht das „Salzkammergut Mozartfestival", das jährlich im Sommer in Bad Goisern und Hallstatt abgehalten wird. Den Höhepunkt bildet eine Mozartoper, umrahmt von Kammer- und Kirchenmusikkonzerten sowie Kabarettveranstaltungen. Das Festival soll Mozarts familiären Bezug zum Inneren Salzkammergut deutlich machen: Mozarts Ururgroßvater Hans Wolfgang Zaller war im 17. Jahrhundert Marktschreiber in Hallstatt; Franz Xaver Wolfgang Mozart, der Sohn des großen Komponisten, bereiste die Gegend 1821.

Nahe Bad Goisern im Weißenbachtal befindet sich die Chorinsky-Klause, ein Stauwerk aus dem 19. Jahrhundert, das immer noch voll funktionstüchtig ist. Bis 1870 wurden die Sudpfannen noch mit Holz befeuert, daher musste Holz aus teils entlegenen Regionen zu den Salinen geschafft werden. Die Flüsse und Bäche eigneten sich als Transportwege, allerdings war das sogenannte „Schwemmen" des Holzes bei normalem Wasserstand kaum möglich. Und schon bald konnte man aus wirtschaftlichen Gründen nicht mehr bis zum nächsten starken Regenguss oder bis zur Schneeschmelze warten – eine dauerhafte Lösung wurde notwendig. Man begann daher, Klausen zu

Bild links: Hausfassade in Bad Goisern
Bild rechts: Beim „Pfeifertag" auf der Rossmoosalm

Bild oben: Abendstimmung mit Blick von Pichlern bei Bad Goisern Richtung Bad Ischl
Bild unten: Sommer in Bad Goisern

bauen, mit denen man das Wasser der Flüsse aufstauen konnte, um es schnell ablassen zu können, sobald genug Holz für den Weitertransport unterhalb der Talsperre gesammelt war. Am Ort der Chorinsky-Klause stand bereits 1520 ein hölzerner Bau. Der Namensgeber Ignaz Karl Graf Chorinsky leitete 1805 während der französischen Besatzung die Niederösterreichische Landesregierung. Noch heute wird die Klause „geschlagen", d. h. geöffnet – ein Spektakel, das seit dem 19. Jahrhundert zahlreiche Schaulustige anlockt.

Bild oben: Kurze Rast nach dem Zusammentreiben der Schafe
Bild unten: Die Schafe warten im Pferch auf die Musterung

Ein wichtiges Ereignis im bäuerlichen Jahreslauf in Bad Goisern und Gosau ist der „Schaftag", der jedes Jahr an einem Samstag Ende September oder Anfang Oktober stattfindet. Der Schaftag ist der Tag des Almabtriebs der Schafe und eines jener Ereignisse der Region, das, anders als die Fronleichnamsprozession und das Narzissenfest, keine Touristenattraktion ist, sondern eine alte bäuerliche Tradition darstellt, die sich in ihrer Ursprünglichkeit erhalten hat.

Seit Jahrhunderten treiben die Bauern ihre Schafe im Frühjahr auf die Almen, wo sie in der warmen Jahreszeit ausreichend Futter finden und dabei auch auf schonende Weise Landschaftspflege betreiben. Im Herbst müssen die Schafe wieder zusammengetrieben werden, denn der Winter im Freien wäre zu hart und lang für sie. Die Tiere werden von den sogenannten „Schaflern", die sich frühmorgens auf den Weg machen, zunächst gesucht und dann an einem Sammelplatz zusammengetrieben. Nun werden die Schafe in einen Pferch gesperrt, wo die Musterung stattfindet, um die Tiere an ihre Besitzer verteilen zu können. Jedes Schaf hat am Ohr eine bestimmte „Mâri" (Marke), eine besondere Kennzeichnung – Schnitte, Löcher oder Ähnliches – oder eine aufgeheftete Markierung, an der es der rechtmäßige Besitzer erkennt. Beim „Ausrufen" wird das Schaf festgehalten und die jeweilige „Mâri" beschrieben. Dabei hat sich eine ganz besondere Fachsprache entwickelt, die, vermischt mit dem regionalen Dialekt, für Außenstehende praktisch unverständlich ist. So bezeichnet etwa „Denk Edl Loh" ein Loch im linken Ohr des Schafs, andere Markierungen werden als „Gaberln" oder „Zahderln" bezeichnet. Meldet sich der Besitzer, vergleicht der zuständige Obmann die Marke mit dem Schafbuch und übergibt das Tier.

Oft werden die Schafe noch am selben Tag geschoren, vorausgesetzt, sie sind vollzählig und wohlbehalten zu ihrem Bauern zurückgekehrt. Wenn nicht, beginnt eine oft mühevolle Suche, denn die Tiere sind abseits der Herde sehr scheu und das Gebiet ist groß. Die „Schafler" hingegen belohnen sich nach getaner Arbeit entsprechend in den nahe gelegenen Almgasthöfen.

Ein Blickfang sowohl bei arbeitsreichen Anlässen wie dem Schaftag als auch bei Feierlichkeiten jeglicher Art sind die Hüte der einheimischen Männer, die oft von Gamsbärten geziert werden. Der Hutschmuck, der auch in anderen Regionen Österreichs sowie in Altbayern zur Tracht gehört, wird kunstvoll aus bestimmten Rückenhaaren erwachsener Gamsböcke büschelförmig gebunden, eine ziemlich aufwendige Arbeit. Vor allem größere Exemplare können deshalb auch recht teuer sein. In Bad Goisern wird alle vier Jahre im Rahmen der „Gamsjagatage" sogar eine Gamsbartolympiade veranstaltet, bei der das prächtigste Exemplar prämiert wird. Als einer der größten Gamsbärte gilt immer noch jener Kaiser Franz Josephs I. mit 24 cm Länge. Wen die hohe Kunst des Bartbindens interessiert, der kann bei den „Gamsjagatagen" auch bei der Herstellung eines echten Gamsbartes zusehen.

Doch nicht nur der Gamsbart macht einen Hut unverwechselbar: Jede Region zeichnet sich durch eigene Hutformen und -farben aus, der Kenner weiß sofort, welchem Ort der Träger zuzordnen ist. Viele Feste im Salzkammergut geben die Gelegenheit, Hüte aus den verschiedenen Regionen zu bewundern.

Alle Fotos: Jeder Gamsbart ein Einzelstück

Bild links: Die Platznot in Hallstatt treibt seltsame Blüten
Rechte Seite Bild oben: Blick auf Hallstatt vom Fußweg zum Rudolfsturm
Rechte Seite Bild unten: Die schön verzierten Schädel im Beinhaus

Hallstatt

Bis weit in die zweite Hälfte des 19. Jahrhunderts war Hallstatt nur schwer, über Saumpfade oder auf dem Wasserweg, erreichbar. Und noch heute ist die Abgeschlossenheit spürbar, wenn man sich dem dunklen Tal, in dem der Hallstätter See liegt, langsam nähert. Der See wird auf nahezu allen Seiten von hohen Bergen umrahmt – im Osten vom Hohen Sarstein, im Westen vom Plassen mit dem Salzberg und im Süden von Teilen des Dachsteinmassivs. Dies lässt das Wasser

des Sees fast immer schwarz aussehen – vor allem im Winter gelangt nur wenig Sonne auf seine Oberfläche.

Anna Fabe
Franz Fechler
1882
Elisab: Schöfbenger
1875
Josefa Köfsler
Hr. Johann
K.K. pensionier
und Handel

Wohl auch deshalb ist am See nur eine größere Siedlung entstanden, diese allerdings ist weltberühmt und wahrscheinlich eines der bekanntesten Fotomotive Österreichs: Hallstatt.

Heutzutage ist die Anreise mit dem Auto bequem, aber die schönste Art, Hallstatt zu erreichen, ist sicherlich die Ankunft mit dem Zug, wie die Bahnstrecke ins Salzkammergut ab Attnang-Puchheim überhaupt eine sehr attraktive Möglichkeit ist, die Region kennenzulernen. Sie führt, von Norden aus gesehen, vorbei am Traunsee nach Bad Ischl, von wo aus man über Lauffen und Bad Goisern nach Hallstatt kommt. Von Hallstatt aus kann man per Bahn auch noch weiter ins Ausseerland reisen, doch zuvor sollte man sich einen Halt am Hallstätter See nicht entgehen lassen. Der Hallstätter Bahnhof liegt dem Ort gegenüber, auf der anderen Seite des Sees. Bei Einfahrt des Zuges wartet bereits ein Schiff, das die Reisenden über den See bringt. Der Anblick Hallstatts mit dem sich dahinter erhebenden Salzberg und dem Hochtal ist unvergesslich.

Der historische Kern des Ortes ist einzigartig: Auf kleinstem Raum stapeln sich hier die Häuser nahezu übereinander, der Balkon des einen führt geradewegs zur Eingangstür des Nachbarn. Die Siedlung drängt sich am kleinen

Bild links und rechts: In den Gassen von Hallstatt

Schwemmkegel des Mühlbachs, für Straßen war hier kein Platz und so wird der Ort immer noch geprägt von schmalen Fußwegen und unzähligen Stiegen. Zentrum Hallstatts ist der malerische Marktplatz. Hier steht die Dreifaltigkeitssäule und hier erhebt sich auch der hohe Turm der evangelischen Kirche, die, gemeinsam mit der katholischen Pfarrkirche Mariä Himmelfahrt (auch: „Unsere liebe Frau am Berg"), das Ortsbild Hallstatts prägt.

Blick vom Echerntal Richtung Hallstatt

Wie andere Gemeinden im Inneren Salzkammergut hat auch Hallstatt neben der katholischen eine zahlenmäßig bedeutende evangelische Gemeinde. Die Ideen der Reformation waren hier auf fruchtbaren Boden gefallen und der Gegenreformation wurde erbitterter Widerstand geleistet. Brücken wurden

Adalbert Stifter im Salzkammergut

Adalbert Stifter besuchte das Salzkammergut wahrscheinlich 1829 das erste Mal. In einem Reisetagebuch aus jener Zeit werden die Orte Ischl, Gmunden und Hallstatt genannt, seine frühe Erzählung *Feldblumen* spielt an diesen Schauplätzen. 1844 lernt er bei Fürst Metternich, wo Stifter als Hauslehrer engagiert ist, den Alpenforscher Friedrich Simony kennen. Im Sommer 1845 besucht Stifter Simony in Hallstatt, wo der Naturforscher vom „Gasthof Stadler" aus zu seinen Erkundungen des Dachsteins aufbricht. Gleich nach der Ankunft macht Stifter trotz strömenden Regens mit Simony einen Spaziergang im Echerntal.

Nach einiger Zeit treffen die beiden Herren auf zwei Kinder „mit riesigen Filzhüten auf den Köpfen und mit regendurchtränkten Grastüchern überm Rücken", wie Simony später festhält, die Erdbeeren zum Kauf anbieten. Stifter bittet die Kinder, ihm zu erzählen, woher sie kommen und wie sie sich vor dem Gewitter geschützt haben. Als Simony tags darauf dem Autor ein von ihm angefertigtes Aquarell einer Gletscherhöhle zeigt, verbindet Stifter dieses Motiv mit dem Kinderpaar. Die Erzählung, die daraus entsteht und bereits im Dezember 1845 in einer ersten Fassung erscheint, ist berühmt geworden: *Bergkristall.*

Das Salzkammergut inspirierte Stifter nicht nur zu literarischen Arbeiten, sondern auch zu Gemälden, die jedoch zum großen Teil vom Künstler selbst wieder zerstört wurden. Eines der wenigen erhaltenen gebliebenen Werke ist eine Ansicht vom Gosautal mit Blick auf den Dachstein.

Hallstatt: Auf kleinstem Raum stapeln sich die Häuser übereinander

abgetragen, die Sudpfannen ausgelassen, der Schiffstransport sabotiert. Schließlich waren die Truppen des Salzburger Erzbischofs im Jahre 1601 erfolgreich: Der Aufstand wurde niedergeworfen, die Anführer wurden zum Tode verurteilt und Hallstatt verlor für einige Jahre seine Privilegien. Noch 1734 wurden 300 Protestanten aus Hallstatt, Goisern und Ischl mit ihren Frauen und Kindern dazu gezwungen, nach Siebenbürgen auszuwandern.

Erst das 1781 erlassene Toleranzpatent Josefs II. ermöglichte auch den Protestanten die Ausübung ihrer Religion, freilich immer noch eingeschränkt. Immerhin 500 Hallstätter bekannten sich damals zum evangelischen Glauben. 1861 wurde die evangelische Kirche mit dem Protestantenpatent Franz Josephs I. der katholischen gleichgestellt. Das evangelische Gotteshaus wurde 1863 im neugotischen Stil errichtet.

Um zur katholischen Kirche zu gelangen, muss man verwinkelte Gässchen und Treppen, unter anderem die sogenannte „bedeckte Stiege", hochsteigen. Der spätgotische Bau wurde 1515 auf den Resten einer romanischen Kirche errichtet, von ihr ist noch der Turm erhalten, dem 1750 der barocke Zwiebelturm aufgesetzt wurde. Im Inneren ist der spätgotische Marienaltar (entstanden um 1515), ein doppelter Flügelaltar von Leonhard Astl, einem Schüler Michael Pachers, bemerkenswert. Er gilt als einer der bedeutendsten und aufwendigsten spätgotischen Flügelaltäre Oberösterreichs. Auf den Flügeln, die im Dezember geschlossen bleiben, sind 16 Szenen aus dem Leben Marias dargestellt. Der Marienaltar, der im Zusammenhang mit dem Hallstätter Salzbergbau gestiftet wurde, gilt als der „Knappenaltar" und damit als Gegenstück zum neogotischen „Bürgeraltar" aus 1895.

Um die Kirche erstreckt sich der Friedhof, in dem die Michaelskapelle mit dem Beinhaus steht. Dieses stammt aus dem 12. Jahrhundert und beherbergt die Überreste von rund 1200 Verstorbenen. Aufgrund der Platznot auf dem Hallstätter Friedhof werden die Gebeine der Verstorbenen nach etwa 10 bis 15 Jahren ausgegraben, gereinigt, in der Sonne gebleicht und dann im Beinhaus untergebracht. Um 1720 begann man damit, die Schädel zu bemalen: Sie werden mit Namen und Lebensdaten beschriftet und mit verschiedenen Motiven verziert; die männlicher Verstorbener mit Eichenlaub und Efeu, jene der Frauen mit Blumen.

Die Platznot macht sich auch andernorts in Hallstatt bemerkbar. Die Boots-

Italienisches Flair am Hallstätter See

Detail aus Hallstatt

Ufer des Sees, sondern im über dem Ort gelegenen Hochtal, wo heute noch Salz abgebaut wird. Dort entdeckte Georg Ramsauer Mitte des 19. Jahrhunderts auch die weit ausgedehnten Gräberanlagen, die er detailliert dokumentierte. Immer noch sind hier archäologische Grabungsteams tätig und laufend werden erstaunliche Entdeckungen gemacht. Eine der größten Sammlungen von Funden der Hallstattkultur befindet sich im Museum in Hallstatt, wo man gleichzeitig einen Überblick über die weitere Entwicklung der Region bis zur Aufnahme ins Weltkulturerbe 1997 erhält. Natürlich ist auch das Gräberfeld selbst zugänglich, genauso wie der älteste Salzstollen der Welt. In den „Salzwelten" erhält man im Bergwerk außerdem einen

häuser, die nach dem großen Brand 1750 nördlich von Hallstatt am Seeufer errichtet werden mussten, werden ebenso für die Lagerung von Holz und allerlei Gerät, für das in den Häusern kein Platz ist, verwendet. Den Brennstoff holt man mit Booten, den sogenannten „Fuhren", ab. Dies ist einfacher, als langwierig treppauf und treppab zu laufen.

Im örtlichen Kulturerbemuseum findet man ausführliche Erklärungen zu der hier entdeckten Kultur, die einer ganzen Periode den Namen gegeben hat: die Hallstattkultur. In jener prähistorischen Zeit siedelten die Menschen nicht am

Eindruck von der Entwicklung des Salzbergbaus bis zur heutigen Zeit. Doch auch außerhalb des Salzkammerguts kann man sich auf die Spuren der Hallstattkultur machen. Österreichs bedeutendster archäologischer Fundort ist im Naturhistorischen Museum in Wien gut dokumentiert.

Um ins Hochtal zu gelangen, wählt man entweder den Fußweg zum Rudolfsturm oder die bequeme Variante mit der Salzbergbahn. Der langsamere Aufstieg zu Fuß belohnt mit vielfältigen Eindrücken der typischen Hallstätter Bauweise. Den sogenannten „Kerntragweibern", also den Hallstätter Frauen, blieb jedenfalls keine andere Wahl, als den Fußweg hochzusteigen: Bis 1890 mussten sie zwei Mal täglich zum Salzbergwerk, um in ihren Tragekörben, den sogenannten „Kernkraxen", von dort bis zu 50 kg schwere Steinsalzbrocken („Kernsalz") ins Tal zu bringen. Das Kernsalz wurde zusätzlich zum Sudsalz, das in der Soleleitung abtransportiert wurde, aus dem Salzberg geholt und fand vor allem als Lecksalz für Vieh und Wild guten Absatz.

Der Rudolfsturm ist eines der vielen Zeichen der habsburgischen Vorherrschaft im Salzkammergut. Er wurde 1282 bis 1284 von Herzog Albrecht I. errichtet, der ihn wahrscheinlich nach seinem Vater Rudolf I. benannt hat. Damals diente der Turm im „Salzkrieg" zur Abwehr gegen den salzburgischen Erzbischof Konrad IV., ab 1313 war er Wohnstätte des jeweiligen Bergmeisters. Heute ist darin ein Restaurant mit herrlicher Aussicht untergebracht.

Durch den Hallstätter See fließt außer dem Schmelzwasser des Dachsteingletschers, wie durch so viele Seen des Salzkammerguts, die Traun, die bis zum Ende des 16. Jahrhunderts, als die

Bild oben: Stiergriffgefäß aus der Hallstattzeit
Hallstatt – eines der meistfotografierten Motive im Salzkammergut

Bild oben und unten:
Detailansichten von Hallstatt
Bild rechts: Die „Hallstatt“ vor
Anker

Soleleitung nach Ebensee gebaut wurde, für den Transport des Salzes zu Wasser genutzt wurde. Doch war für die Zillen, die das Salz transportierten, der Wasserstand der Traun häufig zu niedrig. Zahlreiche frühe Meisterleistungen der Baukunst, wie der Traunfall zwischen Steyrermühl und Roitham oder der Gosauzwang, waren nötig, um den Fluss passierbar zu machen. Auch am Hallstätter See musste man Konstruktionen errichten, die es ermöglichten, den Wasserpegel zu heben. Am Nordufer des Sees, in Steeg, wurde daher 1523 die knapp 111 Meter lange Seeklause errichtet. Die noch funktionstüchtige Holzkonstruktion, die in ihrer heutigen Form aus den Jahren 1564 und 1573 stammt, gilt als eines der ältesten technischen Denkmäler des oberösterreichischen Salzkammerguts. Die Klause musste vier Stunden vor Durchfahrt der Schiffe geöffnet werden, damit sich das ganze Flussbett mit ausreichend Wasser füllte; ansonsten konnte es passieren, dass die Schiffe das Wasser „überholten" und erst recht im seichten Wasser auf Grund liefen. Im Frühjahr, wenn der Wasserstand höher ist, benötigten die Schiffe zweieinhalb Stunden bis zum Traunsee, im Herbst konnte es drei bis vier Stunden dauern.

Fronleichnam

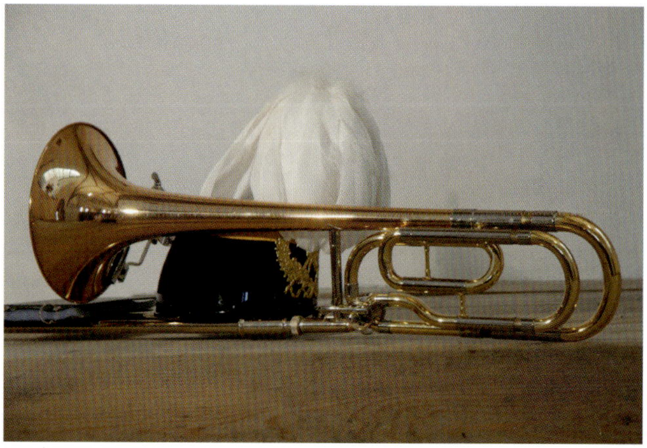

Wenn man bei einer Reise ins Salzkammergut zeitunabhängig ist, empfiehlt es sich, eine der zahlreichen besonderen Feierlichkeiten in der Region für einen Besuch auszuwählen. Ein besonders schönes Fest stellt die weithin bekannte Fronleichnamsprozession dar, die seit 1623 alljährlich im Frühsommer, am zweiten Donnerstag nach Pfingsten, in Hallstatt stattfindet. Bei diesem wichtigen katholischen Kirchenfest wird die leibliche Gegenwart Jesu Christi im Sakrament der Eucharistie gefeiert; als sichtbares Zeichen wird das Allerheiligste in einer Monstranz in einem Festzug von den Gläubigen begleitet. Allerdings ist in Hallstatt am Wasser mehr Platz als in den engen Gässchen und Stiegen des Ortes und so wurde die große Prozession auf den See verlegt, was die Besonderheit des Festes ausmacht.

Es bedarf tagelanger Vorbereitungen, bis die „Fuhren", die traditionellen Plätten, und der „Mutzen", das zum Altarschiff umfunktionierte ehemalige Salzschiff, für den feierlichen Anlass mit Blumen und Laub festlich geschmückt sind. Anstatt wie früher vier bis fünf fahren heute nur noch zwei große, von Hand geruderte Schiffe bei der Prozession mit. Fast jede Familie des Ortes nimmt mit ihrem eigenen, schön dekorierten Boot an der Prozession teil.

Ihren Ursprung haben die Fronleichnamsfeierlichkeiten in den Zeiten der Gegenreformation, als die Jesuiten die

Bild links: Das Allerheiligste wird durch den Ort getragen
Bild rechts: Ein stolzes Mitglied der Feuerwehr Hallstatt

prachtvollen Umzüge förderten, um das Volk wieder zum katholischen Glauben zu bekehren. Der katholische Orden sah in der Prozession eine Art „Volksliturgie" und wollte diese zu einem besonderen Ereignis für den gesamten Markt Hallstatt machen. Seit 1628 gilt die Seeprozession außerdem als

Vorhergehende Doppelseite: Die geschmückten Plätten der Fronleichnamsprozession sind ein beliebtes Fotomotiv
Bild links oben: Die Goldhaubenfrauen
Bild unten: Die geschmückten Plätten bei der Seeprozession
Bild rechte Seite oben und unten: Hallstätter Salinenmusik bei der Fronleichnamsprozession

„immerwährende Stiftung" des Salzbergbaues Hallstatt: Den Stiftern waren die Verehrung und Anbetung des Herrn, das Bekenntnis des Glaubens und die Bitte um Segen für alle Lebens- und Arbeitsbereiche in Hallstatt ein Anliegen. Bis 1965 stellte die Saline das Altarschiff, den „Mutzen", aus eigenen Beständen für die Prozession zur Verfügung. Seit der Salztransport zu Wasser eingestellt wurde, werden eigens angeschaffte Boote verwendet. Noch heute gestaltet die Saline die Prozession mit und schmückt das Altarboot, auf dem der jeweilige Salinendirektor, die Salinenmusikkapelle und eine Ab-

ordnung des Bergbaus mitfahren.

Ein wichtiges Element der Fronleichnamsprozession sind die Hallstätter Fronleichnamsschützen. Sie leiten mit „Böllern" aus ihren nach Heiligen benannten Vorderladern, den „Prangerstutzen", bereits ab sechs Uhr früh den Feiertag ein und begleiten ihn: Bis zum Beginn der Messe feuern sie alle 15 Minuten Schüsse ab, danach kündigen sie das Evangelium und jede Segensstation mit drei Schüssen an. Einzigartig ist auch die Musikbegleitung der Prozession: Der Kirchenchor intoniert vier eigens komponierte Barocklieder, drei davon werden ausschließlich von Frauen gesungen.

Die Fronleichnamsfeierlichkeiten beginnen mit einem Hochamt in der Pfarrkirche. Danach setzt sich die Prozession in Richtung Marktplatz in Bewegung, wo die erste von insgesamt vier Stationen vor der barocken Dreifaltigkeitssäule gehalten wird. Der Festzug wird dabei zur feierlichen Präsentation der verschiedenen Hallstätter Gruppen: Angeführt von der Salinenmusikkapelle, gefolgt vom Bergbaukondukt, dahinter die Kirchenfahne, dann die Goldhaubenfrauen, die Marienfahne und der Feuerwehrkondukt, bis nach weiteren Gruppen am Ende, von vier Männern getragen, der Baldachin (der „Him-

Fast wie ein Gemälde – Spiegelung im Hallstätter See

Das „Sakramentsschiff" bei der Seeprozession

mel") folgt, unter dem der Priester mit dem Allerheiligsten schreitet.
Am Landungssteg besteigt die Prozession die Boote, das Allerheiligste wird auf das sogenannte „Sakramentsschiff" getragen. Nun folgen die drei Stationen der Seeprozession. Nach den ersten beiden nahe dem Ufer gelegenen Stationen fahren die Schiffe so weit auf den See hinaus, bis man die Häuser oben am Salzberg sehen kann. Die kleineren Boote kreisen dabei um das „Sakramentsschiff"; so ist die Eucharistie bildlich immer im Mittelpunkt der Feierlichkeiten. Bei der vierten Segensstation, der Salzbergstation – der dritten am See –, wird Gott für den „Schicksalsberg" des Ortes gedankt. Danach geht es zurück an Land, wo in der Kirche der Abschlusssegen gespendet wird.
Die Tradition der Fronleichnamsprozession am See wurde von den Jesuiten auch am Traunsee eingeführt und erfreut sich dort ebenfalls noch großer Beliebtheit. Dort zieht in Traunkirchen die Prozession nach dem Hochamt in Richtung See auf die „Himmelsfuhre", die, von zahlreichen Booten begleitet, verschiedene Segensstationen feiert. Ob sich heute noch jemand durch die Prozession zum katholischen Glauben bekehren lässt, sei dahingestellt, dass sich viele Leute von den stimmungsvollen Feierlichkeiten anlocken lassen, ist aber unbestritten.

Dachstein

Bei einer Fahrt durch das Innere Salzkammergut hält man immer wieder gebannt inne beim Anblick des majestätischen Dachsteins, der über der gesamten Region zu thronen scheint. Dabei ist er genau genommen gar kein Berg, sondern ein ganzer Gebirgsstock mit großer Ausdehnung, am südlichen Rand des Salzkammerguts gelegen. Seine richtige Bezeichnung lautet daher „Dachsteingebirge". Zur Landschaft des Dachsteins gehören Gletscherregionen wie der Schladminger, der Hallstätter und der Gosaugletscher ebenso wie karstige Flächen und sanfte Erhebungen. Den höchsten Gipfel bildet der Hohe Dachstein mit 2995 Metern, gleich daneben liegt der Niedere Dachstein mit immer noch beachtlichen 2934 Metern. Seit Langem stellen sich Alpinisten den Herausforderungen des Dachsteingebirges. Neben den Besteigungen der Gipfel hat man versucht, das Bergmassiv mit Klettersteigen, Wegen und Schutzhütten zugänglicher zu machen, seit den 1950er-Jahren führen auch Seilbahnen zu den Wandergebieten und Skiresorts am Dachstein.

Drei Höhlen liegen im Dachsteingebirge, die zu Beginn des 20. Jahrhunderts entdeckt wurden. Alle drei erreicht man mit der Seilbahn von Obertraun aus an der südöstlichen Seite des

Simony-Denkmal im Echerntal

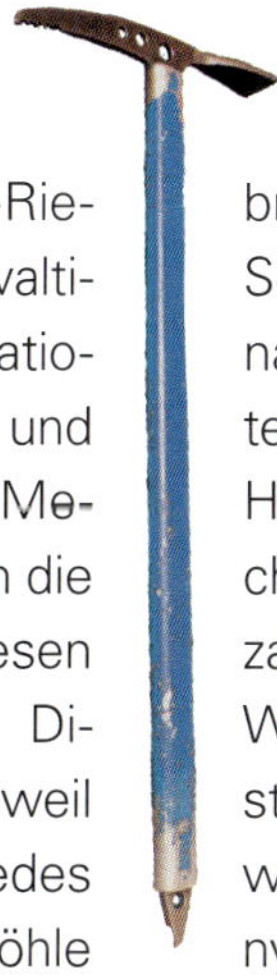

Hallstätter Sees. Die Dachstein-Rieseneishöhle beeindruckt durch gewaltige Eismassen in bizarrsten Formationen. Das Eis ist etwa 500 Jahre alt und erreicht eine Dicke von bis zu 20 Metern. In nächster Nähe befindet sich die Dachstein-Mammuthöhle, die diesen Namen aufgrund ihrer gewaltigen Dimensionen trägt (und nicht etwa, weil dort Mammuts gelebt hätten). Jedes Jahr werden neue Teile dieser Höhle entdeckt; bis dato ist ein weitläufiges System von Gängen bekannt, das über 64 km lang ist und eine Höhendifferenz von mehr als 1200 Metern überwindet. Während die Rieseneishöhle und die Mammuthöhle seit etwa 1910 für Besucher geöffnet sind, wird die Koppenbrüllerhöhle bereits 1820 als beliebte Schauhöhle erwähnt. Sie ist eine sogenannte Wasserhöhle, durch die ein unterirdischer Wildbach rauscht – in der Höhle hört man das „Brüllen" des Baches je nach Wasserstand wilder oder zahmer.

Wer sich für eine Wanderung im Dachsteingebirge entscheidet, wird immer wieder auf einen Namen stoßen: Simony. Simonyhütte, Simonyscharte, Simonywarte, Simonyspitze oder Simonyhöhle – sie alle wurden nach dem 1813 geborenen Geografen, Alpen- und Gletscherforscher Friedrich Simony benannt. Er stammte aus Böhmen und kam 20-jährig als Laborant nach Wien. 1840 reiste er das erste Mal ins Salz-

Der Hallstätter Gletscher

kammergut und bestieg im selben Jahr das Dachsteinplateau. Zwei Jahre später kehrte er wieder zurück. Auf sein Betreiben wurden ein Weg am Dachstein angelegt und das „Hotel Simony" errichtet, eine Unterstandshütte aus Steinen, die auch heute noch in der Nähe der Simonyhütte steht. Viele Male reiste Simony ins Salzkammergut, wo er unterschiedlichste Forschungen betrieb. Als erster ordentlicher Professor für Geografie – ab 1851 in Wien – gilt er als Begründer dieser Disziplin in Österreich. Früh erkannte Simony den Wert der Fotografie für die Forschung – von 1884 bis 1889 erarbeitete er eine umfangreiche Fotodokumentation des Dachsteingebirges. Simony war zwar nicht der Erstbesteiger des Dachsteins, jedoch der Erste, der dieses Wagnis im Winter einging, ein Abenteuer, das ihm 1842 gelang. Adalbert Stifter hat seinem Freund Simony 1857 in der Figur des Heinrich Drendorf im Roman *Der Nachsommer* ein literarisches Denkmal gesetzt.

Bilder linke Seite oben und unten: Hallstätter Gletscher vom Krippenstein
Bild unten: In der Dachstein-Rieseneishöhle

Gosau

„Die Gosau" ist kein Ort, sondern ein langes Tal, das sich vom Ufer des Hallstätter Sees bis zu den Gosauseen mit ihren imposanten Blicken zum Gosaukamm im Westen und dem Dachstein im Osten zieht. Dementsprechend liegen auch die Häuser und die drei Kirchen von Gosau weit verstreut auf einem Wiesenhang. Durch das Tal schlängelt sich der Gosaubach, der in den Hallstätter See mündet. Nahe dieser Mündung befindet sich der „Gosauzwang", jene 30 Meter hohe Soleleitungsbrücke, die als Überwindung des Tales zwischen 1755 und 1758 erbaut wurde.

Am Ende des Gosautals gelangt man zu den Gosauseen, die für viele Besucher der Hauptgrund für den Besuch dieses Tales sind. Von hier hat man nämlich einen wunderbaren Blick auf das Dachsteinmassiv und den Gosaukamm, wohl eines der meistfotografierten Motive des Salzkammerguts. Eine Seilbahn bringt Besucher auch auf die schöne und viel besuchte Zwieselalm. Der Naturforscher und Weltreisende Alexander von Humboldt war von diesem Panorama so beeindruckt, dass er den Vorderen Gosausee als das „Auge Gottes" bezeichnete. Die dunklen Wälder und steilen Ufer wirken auch heute noch imposant, selbst wenn die Technik in das Naturparadies Einzug gehalten hat: Der See dient als Speicher für ein Kraftwerk und wird um etwa zwölf Meter aufgestaut. Dem Naturerlebnis bei einer Seeumrundung tut das jedoch keinen Abbruch. Man kann auch bis zum Hinteren Gosausee wandern, der karger wirkt und dem der Dachstein schon beinahe unheimlich nahe ist, oder die Wanderung bis zur Adamekhütte im Dachsteingebiet ausdehnen.

Bild linke Seite: Der Vordere Gosausee mit Blick auf den Gosaugletscher
Bild unten: Blick auf Gosau mit der katholischen und evangelischen Kirche

Planeralm mit Blick auf den Dachsteingletscher

Auf der Alm

Für einen Aufenthalt im Salzkammergut sollte man auf alle Fälle auch seine Wanderschuhe einpacken. Zahlreiche Gipfel laden zur Besteigung ein, viele Gebirgsseen bieten reizvolle Wanderziele und nicht zuletzt sind auch die bewirtschafteten Hütten der Region immer eine Rast wert. Neben alpinen Gastbetrieben kann der Wanderer auch auf bewirtschafteten Almhütten einkehren, die in den Regionen Inneres Salzkammergut und Ausseerland zahlreich zu finden sind. Die Sennerinnen bieten oft regionale Spezialitäten zur Stärkung, dabei kann man mit etwas Glück auch einen Einblick in das Leben und die beschwerliche Arbeit auf der Alm gewinnen.

Die Ursprünge der Bewirtschaftung von Almen – Weidegebiete, die vom Heimhof getrennt liegen und in den Sommermonaten beweidet werden – lassen sich nur schwer rekonstruieren, urkundlich belegt ist sie seit dem ausgehenden 9. Jahrhundert. Die bereits frühe Nutzung der hoch gelegenen Wiesen hatte vor allem praktische Gründe: Es war einfacher, weitgehend waldfreie Bergwiesen zu nützen, als durch mühevolle Rodung Weiden in tieferen Lagen zu schaffen.

Die Betreuung des Viehs auf der Alm obliegt traditionell den Sennerinnen. Ursprünglich wurden alle Tiere eines Hofes „gealpt", also auf die Alm gebracht, neben den Rindern auch Ziegen, Schafe, Pferde und Schweine. Heute betreuen die Sennerinnen vor allem Kühe, Jungvieh und Ochsen. Die sogenannte „Alpung" bringt viele positive Effekte mit sich: Gesundheit, Fruchtbarkeit und Kondition der Tiere werden durch die Bewegung gefördert, die Gebirgsluft kräftigt den Kreislauf und intensiviert die Atmung. Die Futterpflanzen auf der Alm sind vitamin- und nährstoffreich, was sich auch auf den Geschmack der Milch auswirkt. Zudem bedeutet die Alpung eine Arbeitsentlastung am Hof. Und schließlich fördert heutzutage die Arbeit der Sennerinnen die touristische Er-

schließung der Berge: Einerseits werden Kulturlandschaft und Wegenetz gepflegt, andererseits ist die Gastfreundschaft auf vielen Almhütten mit authentischen Spezialitäten wie frischer Milch und Butter, hausgemachtem Käse oder Topfen eine Attraktion für sich.

Etwa dreieinhalb Monate, von Anfang Juni bis Mitte September – je nach Wetterlage –, verbringen die Sennerinnen mit ihrem Vieh auf den Almen des Salzkammerguts. Heutzutage übernehmen innerhalb der Bauernfamilie meist die Frauen der älteren Generation diese Aufgabe, neben den eigenen Tieren werden gelegentlich auch jene der Nachbarn auf der Alm mitbetreut.

Bis zum Ende des Zweiten Weltkriegs existierte auf den Höfen eine Lebensgemeinschaft der bäuerlichen Familie und der Dienstboten. Die Sennerin nahm nach der Bäuerin die wichtigste Stellung am Hof ein, sie hatte einen angesehenen und, wenngleich sehr anstrengenden, von vielen Frauen angestrebten Beruf. Auf sich selbst gestellt trug sie während der Sommermonate die Verantwortung für den gesamten Viehbestand des Bauern. Die Verpflegung war auf der Alm zwar einfacher als am Heimathof, doch hatten die

Auf der Hütteneckalm bei Bad Goisern

Frauen – Männer kamen auf den Almen des Salzkammerguts nur als sogenannte „Halter" für Schafe, Ziegen und Pferde infrage – dort die Annehmlichkeit eines eigenen Raumes. Außerdem standen sie auf der Hochweide außerhalb der strengen Kontrolle des Dorfes und des Hofes, soziale Bindungen konnten anders gestaltet werden. Eine Heirat war für Dienstboten aus finanziellen Gründen meist nicht möglich, ledige Kinder, mit der Arbeit am Hof schwer zu vereinbaren, konnte eine Sennerin leichter bei sich behalten.

Das Leben auf der Alm ist nach wie vor hart: Auf der Rossmoosalm, die man von Bad Goisern erreicht, verbringen heute insgesamt rund 20 bis 25 Stück Vieh von verschiedenen Höfen ihren Sommer, jede Sennerin ist dort für sechs bis sieben Tiere zuständig. Der Tag auf der Alm beginnt früh: Gegen fünf Uhr steht man auf, dann müssen die Tiere, die die Nacht im Freien verbringen, in den Stall geholt werden. Die Kühe werden gemolken und anschließend gemeinsam mit dem nicht-milchgebenden „Goldvieh", also den Ochsen und Jungtieren, wieder auf die Weide getrieben. Danach verarbeitet die Sennerin noch in der Morgenkühle die frische Milch in der Zentrifuge, wo

Bild links: Festtracht der Sennerinnen
Bild rechts: Frieda Heuschober, Sennerin auf der Hinteren Sandlingalm

Hütteneckalm bei Bad Goisern

sie in Rahm und Magermilch getrennt wird. Aus dem Rahm wird Butter hergestellt und gelegentlich in traditionellen, aufwendig dekorierten Holzmodeln in Form gebracht. Aus der Magermilch entsteht Topfen, der mancherorts zu Schüsselkäse weiterverarbeitet wird: Dafür wird der angesäuerte Topfen mit etwas Butter oder Butterschmalz in einer Rein zerlassen, bis eine klebrige Masse entsteht. Man vermischt den Käse mit Salz, Pfeffer und Kümmel und lässt ihn in einer kalten Form erstarren. Die Milchprodukte dienen entweder zum Eigengebrauch oder sie werden auf den Hof im Tal gebracht. Wenn die Sennerin auch eine Ausschank auf der Alm betreibt, kommen die Gäste in den Genuss der frischen Milchprodukte.

Der Rest des Tages ist mit verschiedenen Arbeiten ausgefüllt: Der Stall wird ausgemistet, die Kälber werden gefüttert, in früheren Zeiten musste Zufutter geschnitten werden, gemeinsam mit Helfern wurde auf steilen Bergwiesen Winterheu gemäht.

In ihrer knappen Freizeit besuchen die Sennerinnen ihre Nachbarn, ab und zu kommen Musikanten vorbei, die Abende werden vielfach mit Handarbeit verbracht. Wenngleich das Vieh den ganzen Sommer auf der Alm bleibt, fahren die Sennerinnen heutzutage oft mehrmals pro Woche auf den Heimathof, unter anderem um dort bei der Heuernte zu helfen. Mittlerweile sind viele der Hochweiden mit dem Auto erreichbar.

Ein schönes Ereignis, das man einmal erlebt haben sollte, ist der Almabtrieb am Ende des Sommers, bei dem die Tiere der gesamten Alm gemeinsam ins Tal gebracht werden. Schon einige

Tage davor beginnen die Vorbereitungsarbeiten: Der Schmuck, mit dem das Vieh für den Almabtrieb „bekranzt" wird, wird hergestellt. Die aufwendigste Dekoration erhält die Leit- oder „Glockkuh", der außerdem speziell für diesen Anlass eine große Glocke umgehängt wird. Der Schmuck bringt den Stolz der Bauern über ihre Tiere und gleichzeitig den Dank für einen glücklich verlaufenen Almsommer zum Ausdruck. Wenn ein Tier auf der Alm verendet oder am Hof ein Unglück geschehen ist, verzichtet man auf das Kranzen. Zum Almabtrieb wird außerdem eine Spezialität zubereitet: die „Almabrausch", im Ausseerland auch „Almraungerln" genannt, ein Gebäck aus Mehl, Butter, Rahm, Zimt und Zucker. Sie werden bereits oben auf der Alm verteilt und anschließend ins Tal mitgenommen. Einige Sennerinnen tragen beim Almabtrieb sogenannte „Almfachtln", den traditionellen hohen Kopfschmuck. Es handelt sich dabei um ein eingeschlagenes Tuch, in dem auf der Alm hergestellte Produkte transportiert werden.

Hintere Sandlingalm

Bilder diese Dopppelseite: In der Werkstatt „Steflitsch-Hackl", einzig verbliebener Erzeuger der berühmten Goiserer

Tracht und Handwerk

Bei einem Aufenthalt im Salzkammergut fällt es dem Reisenden gleich auf: Hier ist Tracht noch selbstverständlicher Teil der Garderobe, egal ob jung oder alt, ob traditionellere oder modischere Versionen – man trägt Dirndl und Lederhose, Janker und Hut. Tracht und Handwerk gehen Hand in Hand. Die einzelnen Elemente der Tracht bedürfen der Kenntnisse und Fertigkeiten ganz besonderer Spezialisten, die im Salzkammergut immer noch zu finden sind: Schuster, Hutmacher, Handdrucker, Dirndlschneider, Säcklermeister, Federkielsticker, Hirschhornschnitzer.

Zwiegenähte Qualität seit über 100 Jahren – dafür stehen die weit über die Grenzen des Salzkammerguts bekannten „Goiserer". Am Anfang des berühmten Bergschuhs stand nach der Überlieferung ein Unfall – im späten 19. Jahrhundert fiel der Schuster, Jäger, Bergführer und Skipionier Franz Neubacher in eine Doline, aus der er sich mit seinem steifen Schuhwerk ohne genügend Profil nur mit Mühe retten konnte. Damit ihm so etwas nicht mehr passieren konnte, entwickelte er gemeinsam mit seinem Gesellen Rudolf Steflitsch den mit Einstich- und Aufdoppelnaht zwiegenähten und deshalb wesentlich biegsameren „Goiserer“, dem er außerdem mit handgeschmiedeten Eisennägeln und Beschlägen ein griffiges Profil verpasste.

Bald erfuhren auch die Kurgäste in Bad Ischl von dem neuen Bergschuh, schließlich sprach sich die Neuheit bis zum Kaiser durch, der sich alsbald selbst ein Paar anmessen ließ und fortan nur mehr damit auf die Pirsch ging. Die imperiale Jagdgesellschaft Bad Ischls folgte dem majestätischen Vorbild, auch dem Wiener Hofstaat blieb die besondere Qualität der „Goiserer“ nicht lange verborgen. Die große Nachfrage führte zu einer Blütezeit der Schuhmanufaktur in Goisern, bis zu zwanzig Schusterbetriebe gab es hier.

Heute ist davon nur mehr einer übrig – der Steflitsch-Hackl, mittlerweile in dritter Generation im Gewerbe tätig. Das Kundenregister des Schusters liest sich wie ein *Who is Who* der historischen (und gegenwärtigen) Prominenz: Nach Franz Joseph I. ließ sich auch seine Frau Elisabeth ein Paar „Goiserer“ anpassen – noch heute bewahrt Rudolf Steflitsch-Hackl das zarte Leistenpaar auf.

Im Ausseerland hat sich mit der Hutmacherei eines der wohl ältesten Handwerke in ganz Europa erhalten. Beim Leithner zum Beispiel wird nach wie vor auf Tradition gesetzt und die Hüte werden wie bereits zur Regierungszeit Kaiser Karls V. hergestellt. So ist der „Ausseer Hut" längst zu einem Markenzeichen geworden, zahlreiche berühmte Persönlichkeiten auf der ganzen Welt haben sich schon ihren eigenen Hut im Ausseerland bestellt.

Die Hutmacherei ist ein aufwendiges Gewerbe: Die aus Kaninchenhaarfilz, Wildhasenhaar oder Schafwoll-Loden bestehenden Stumpen werden als Rohlinge angeliefert. Nun müssen sie zuerst imprägniert und gefärbt werden, bevor sie in einem Dampfkessel auf etwa 100 °C erhitzt werden, damit sie weich und formbar sind. Erst dann kommen die Formen zum Einsatz, von denen beim Leithner über 900 verschiedene, aus Lindenholz gefertigte, zur Auswahl stehen. Darunter finden sich auch Modelle für historische Hüte, wie den Anna-Plochl- oder den Erzherzog-Johann-Hut. Die bearbeiteten Hutrohlinge werden auf die Holzformen gestülpt, getrocknet und schließlich noch in der Näherei in ihre endgültige Form gebracht. Dazu gehören auch das Einfassen oder Umbügeln des Krempenrandes sowie das Anbringen verschiedener Accessoires wie Bänder oder Kordeln.

Ein besonderer Blickfang sind natürlich Hüte, die von Gamsbärten geziert werden. Dieser Hutschmuck, der auch in anderen Regionen Österreichs sowie in Altbayern zur Tracht gehört, wird in aufwendiger Arbeit aus dem Rückenhaar erwachsener Gamsböcke büschelförmig gebunden. Beim Gamsbart heißt es: Je üppiger desto besser. In Bad Goisern wird alle vier Jahre im Rahmen der „Gamsjagatage" sogar eine Gamsbartolympiade veranstaltet, bei der das prächtigste Exemplar prämiert wird. Als einer der größten Gamsbärte gilt immer noch jener Kaiser Franz Josephs I.

Typisch für das Ausseerland sind die schwarzen, aus Kaninchenhaarfilz gefertigten Hüte mit dem breiten grünen Band, die den Herren vorbehalten sind.

In seinem Artikel zur Ausseer Tracht hält der Wiener Volkskundler Konrad Mautner 1910 allerdings fest, dass die Frauen eine Zeit lang versucht hätten, ebenfalls Hüte zu tragen. Erleichtert berichtet er: „Dies setzte sich aber nicht durch und das schöne schwarze Kopftuch blieb glücklicherweise erhalten."

Bild linke Seite oben: Ausseer Hüte
Bild linke Seite Mitte: Hutformen in der Hutmacherei „Leithner" in Bad Aussee
Bild linke Seite unten: In der Näherei
Bild unten: Historische Hüte am Altausseer See

Bild links: Einer der vielen Arbeitsschritte beim Handdruck
Bild unten links und rechts: Farbenspiel und Musterstreifen in der Handdruckerei „Sekyra" in Bad Aussee

Mit dem Handdruck hat sich im Ausseerland eine in Österreich einzigartige Handwerkskunst erhalten. Dass Seidentücher, „Bindln" (Halstücher) und Schürzen, aber auch Tischtücher, Vorhänge und Deckerln nach wie vor in aufwendiger Handarbeit bedruckt werden, ist nicht zuletzt den Bemühungen Konrad Mautners, Spross einer Wiener Industriellenfamilie und Volkskundler aus Leidenschaft, und seiner Frau Anna zu verdanken. Sie hatten sich zu Beginn des 20. Jahrhunderts in ihren Bestrebungen, Brauchtum und Traditionen des Ausseerlandes zu erhalten, auch mit den Trachten und den dafür verwendeten Stoffen auseinandergesetzt. Nach dem Tod ihres Mannes gründete Anna Mautner noch in den 1920er-Jahren in Grundlsee die erste Handdruckerei des Auseerlandes. Schon bald wurden ihre Drucke in exklusiven Kreisen bekannt und geschätzt, sie machte sich auch bei den Besuchern der Salzburger Festspiele einen Namen. Bei der internationalen Stoffausstellung Ende der Dreißigerjahre in Paris erhielt Anna Mautner die Silbermedaille für ihre handbedruckten Stoffe. Während des Zweiten Weltkriegs musste sie emigrieren, arbeitete in den USA unermüdlich weiter an neuen Modeln und Farben für den Hand-

Druckmodel

druck und kehrte schließlich bereits 1946 nach Grundlsee zurück. Der Betrieb hatte in der Nachkriegszeit mit großen wirtschaftlichen Problemen zu kämpfen. 1956 musste er schließen, wurde 1960 aber von einer engagierten ehemaligen Mitarbeiterin Anna Mautners weitergeführt. Heute gibt es nur noch wenige Handdruckereien im Ausseerland, die das Handwerk mit umso größerer Hingabe in erstklassiger Qualität ausführen.

Der Handdruck ist ein mit großem Aufwand verbundenes Verfahren, für das bis zu 28 einzelne Arbeitsgänge notwendig sind. Für das Bedrucken von acht Metern Seide benötigt man oft einen ganzen Tag. Sowohl Farbe als auch Muster werden in Handarbeit auf den Stoff aufgebracht. Dazu wird zuerst die weiße Seide aufgespannt, dann beginnt die Arbeit mit den Modeln. Der Model, der aus Hartholz geschnitzt oder mit Messingstiften versehen ist, wird vor jedem Druck in das Farbkissen eingetaucht und dann auf den Stoff aufgesetzt. Die Farbe wird zur besseren Haltbarkeit mit dem Stiel eines Hammers in den Stoff „geschlagen“. Danach werden mit glatten Modeln noch die Farben aufgedruckt. Die nunmehr völlig steife Seide muss einige Entwicklungs- und Fixiervorgänge durchlaufen, wiederholt getrocknet, gebügelt, gezupft oder von Hand rolliert werden, bevor sie als Seidentuch oder „Bindl“ die Tracht der Trägerinnen und Träger ziert.

Nicht immer war das Tragen von Tracht so selbstverständlich wie heute: Die Beliebtheit der traditionellen Kleidung war Mitte des 19. Jahrhunderts an einem Tiefpunkt angelangt. Mit der Revolution 1848 kleidete sich auch die Landbevölkerung zunehmend nach der städtischen Mode, Lederhose und Dirndl wurden zurückgedrängt. Es ist auf die Initiative aristokratischer Kreise zurückzuführen, dass die Tracht auch diese Zeit überlebt hat. Die Habsburger waren an der Pflege der Kleidungstraditionen interessiert, besonders Erzherzog Johann lag die Tracht am Herzen. Er selbst kleidete sich gern in einem trachtenartigen Stil, aus dem sich später der Steireranzug entwickelte. Seine Liebe zur Tracht gab er an seinen Großneffen, den späteren Kaiser Franz Joseph I., schon in jungen Jahren weiter. Dieser trug besonders gern die grau-grüne steirische Jägertracht und wurde damit zum Vorbild einerseits für aristokratische Jagd- und Sommergäste im Salzkammergut, andererseits für höhere Bürger und Beamte auch in der Residenzstadt Wien. Die Tracht wurde von den neuen, städtischen Trägern zwar weiterentwickelt und adaptiert, ihr Tragen brachte aber auch Achtung gegenüber dem ländlichen Volk zum Ausdruck. Dabei schwang naturgemäß

auch die Sehnsucht nach dem Einfachen und Natürlichen mit, die der bürgerlichen Romantisierung des Landlebens im 19. Jahrhundert entsprach.
Das Tragen der Tracht war bei den Sommerfrischlern auch zu Beginn des 20. Jahrhunderts noch beliebt; der bereits genannte Konrad Mautner war einer der überzeugtesten Bewahrer dieser Tradition. In den 1930er-Jahren jedoch wurde die traditionelle Bekleidung im Rahmen der Nazi-Propaganda unter völlig andere Vorzeichen gestellt. Sie wurde, analog zu Begriffen wie Heimat und Tradition, instrumentalisiert, jüdischen Mitbürgern war das Tragen von Tracht verboten. Das Image der Tracht hat unter diesem Missbrauch noch lange gelitten, ebenso wie ihre volkskundliche Pflege, die zum Teil ebenfalls in jener Zeit ihre Anfänge nahm und entsprechend von propagandistischen Intentionen geprägt war.
Heute hat der aufgeklärte und bewusste Umgang mit der jahrhundertealten Tradition der Tracht zu einem Aufschwung von Dirndl und Lederhose geführt. Selbst in der Haute Couture haben Trachtenelemente und -materialien Einzug gehalten. Im Salzkammergut

Bild linke Seite: Detail einer Goldhaube
Bild unten links: Bürgerliche Goldhaube
Bild unten rechts: Bäuerliches Festtagskopftuch

hingegen kann man immer noch traditionelle Versionen der Tracht sehen. Das Dirndlgewand ist dabei die klassische Bekleidung für Damen. Es besteht üblicherweise aus einem engen Oberteil aus Leinen, einem an der Taille angesetzten gezogenen Rock aus Baumwolle sowie einer Schürze. Darunter trägt man eine weiße Dirndlbluse, dazu ein handbedrucktes Seidentuch und außerhalb des Alltags passenden Schmuck. Die Materialien variieren je nach Anlass, neben den klassischen Leinen- und Baumwolldirndln gibt es für festliche Anlässe auch solche aus Seide. Im Salzkammergut existieren noch zahlreiche Dirndlschneidereien, in denen sowohl traditionelle als auch moderne Modelle maßgeschneidert werden. Auch die entsprechende Kopf-

bedeckung darf nicht fehlen: Zu festlichen Anlässen tragen im oberösterreichischen Salzkammergut einheimische Bürgerinnen die prachtvollen pailletten-bestickten Goldhauben mit eingewebten Gold- und Silberfäden. Die Bäuerinnen hingegen erkennt man an ihren schwarzen Kopftüchern.

Die Lederhose aus dem Salzkammergut hat mit prominenten Trägern wie Klaus Maria Brandauer oder Hannes Androsch ebenfalls eine Renaissance erlebt. Man lässt sie sich am besten maßschneidern; die Säcklermeister des Salzkammerguts erzeugen Lederhosen höchster Qualität aus feinstem gegerbten Wildleder. Traditionelle Lederhosen sind verziert, im Salzkammergut meist mehrnahtig grün bestickt oder mit Federkielstickereien aus Pfauenfedern dekoriert.

Ein unverzichtbares Material für das Trachtengewand ist Loden, gewalkte Schafwolle, aus dem zum Beispiel Trachtenjanker, Handschuhe oder Strümpfe hergestellt werden. Gerade der Trachtenjanker ist wieder sehr beliebt – der Grund dafür liegt einerseits in den vielen positiven Eigenschaften des Loden, die nahezu denen moderner Microfaser-Materialien entsprechen, andererseits in seiner breiten Palette an Farben und Qualitäten.

Bild linke Seite oben: Bestickte Ausseer Weste mit Bindl
Bild linke Seite unten: Alte Lederhose mit Federkielstickerei
Bilder diese Seite: In der Dirndlschneiderei

Bild oben: Sommerliches Konzert am Hallstätter See
Bild rechts: Am „Pfeifertag“ auf der Blaa Alm

Musik im Salzkammergut

Musik begleitet im Salzkammergut nicht nur nahezu alle Feste und Anlässe des traditionellen Jahreslaufs, sie ist auch im täglichen Leben allgegenwärtig. Nach wie vor wird in vielen Familien die Tradition der Hausmusik gepflegt. Daneben haben sich aber in der gesamten Region Feste herausgebildet, bei denen die Musik im Mittelpunkt steht, wie der „Geigentag“ in Bad Goisern, der „Pfeifertag“ auf einer der Almen des Salzkammerguts oder das gründonnerstägliche „Antlass-Singen“ in Traunkirchen. Zu diesen Gelegenheiten sind nicht nur Musiker eingeladen – auch interessierte Besucher sind herzlich willkommen.

Die Beziehung zwischen der Musik und dem Salzkammergut ist mannigfaltig, nahezu an jedem Ort tut sich eine Variante auf, die die Musikalität der Region um einen weiteren Ton bereichert. Das Tanzen, Singen und „Påschen“ (rhythmisches Klatschen) gehören zu den ältesten Formen der Unterhaltung, früher wurde in den Scheunen getanzt oder auf den Almhütten – in Socken zur Mundharmonika-Begleitung. Diese

Tänze waren vor allem den Jungen vorbehalten, galt es doch, hier sein Mädchen oder seinen Burschen auszuwählen bzw. wieder zu treffen. Die Mädchen erschienen zwar allein oder mit Angehörigen zum Tanz, konnten aber in Begleitung ihres Schatzes nach Hause gehen. Mit der Öffnung des Salzkammerguts und dem wachsenden Tourismus kamen mehr und mehr auch neue Melodien und Tänze in die Region, die adaptiert wurden und die Bräuche wandelten. So wurden im 19. Jahrhundert zunehmend auch Walzer und Polka getanzt, die das Landler- und Steirer-Repertoire erweiterten und die Tanzfiguren veränderten.
Die Bedeutung der Musik im Salzkammergut förderte auch den Instrumentenbau. So gab es einst in Bad Goisern, das bis heute allgemein als ein Zentrum für Handwerkskunst gilt, einige Geigenbauerwerkstätten. Seine Blütezeit erlebte der Goiserer Geigenbau um 1780, bis zum Ende des 19. Jahrhunderts konnte sich diese Tradition lebendig erhalten. Die bekanntesten Geigenbauer waren die Familien Gandl, Kefer und Peer. Wegen ihrer Klangfülle und Formschönheit wurden diese Instrumente weit über die Grenzen des Salzkammerguts bekannt. Ärmere Musikanten fertigten sich selbst Geigen an, zum Beispiel aus Holzschachteln. Noch heute wird der Tradition des Geigenbaus und -spiels in Bad Goisern mit dem jährlichen „Geigentag" gedacht. Dabei treffen einander Geiger und Geigerinnen von nah und fern um gemeinsam frei zu musizieren; man spielt heimische Volksmusik, aber auch Wienerisches und sogar irische Volksweisen wurden schon gehört!
Neben der traditionellen Volksmusik, die in den einzelnen Regionen des Salzkammerguts stark variiert, gibt es noch andere Formen des Musizierens. Eine typische ist das sogenannte „Påschen", was man am besten mit Klatschen übersetzen könnte. Bei dieser Männerdomäne werden die Hände als Musikinstrumente eingesetzt, durch stakkatoartiges, wohl aufeinander abgestimmtes Klatschen in der Gruppe werden Tänze oder Musik begleitet, es kann aber auch einfach „solo" gepascht werden; zwischendrin wird dann oft ein Gstanzl gesungen. Dass es sich dabei nicht um einfaches Drauflos-Klatschen handelt, wird dem Unkundigen schnell klar, durch kurze Signalwörter werden Rhythmen oder Form des Påschens verändert, selbst die

„Pfeifertag" auf der Blaa Alm

Bilder oben und unten: Musikanten beim „Pfeifertag" auf der Rossmoosalm

Haltung der Hände – hohl oder flach – hat entscheidende Auswirkung auf den Klang. „Einipåschen" ist jedenfalls streng verpönt!

Eine andere Form der Musik, die landläufig mit dem gesamten österreichischen Alpenraum in Verbindung gebracht wird, ist das Jodeln. Es hat sich aus der Kommunikation auf den Almen entwickelt, als sich die Sennerinnen von einer Alm zur anderen mit „Jugitzern" unterhielten. Melodiösere Formen dieser Verständigung nannte man „Ludln". Der „Almschroa" ist eine weitere Form dieses sprachlosen, aber umso klangvolleren „Singens".

Ein Instrument, das ganz besonders eng mit der Geschichte des Salzkammerguts verbunden ist, ist die Flöte. Schließlich ist das älteste prähistorische Fundstück aus der Region eine Flöte, geschnitzt aus einem Bärenknochen. Die typischen Flöten werden als Pfeifen bezeichnet: Die „Seitlpfeife", auch

Schwegelpfeife genannt, ist die Urform der Querflöte, ein einfaches hölzernes Instrument mit sechs Grifflöchern, das früher oft einhändig zugleich mit einer Trommel gespielt wurde.

Jedes Jahr zu Mariä Himmelfahrt, am 15. August, treffen einander Seitlpfeifer sowie andere Bläser, Trommler, Geigenspieler und Maultrommler zum gemeinsamen Musizieren auf einer der Almen des Salzkammerguts. Der sogenannte „Pfeifertag" wurde 1925 ins Leben gerufen. Damals traf man sich auf der Blaa Alm bei Altaussee; zum ersten Treffen kamen nur einige, inzwischen ist die Menge der Musikanten beinahe unüberschaubar geworden und über Nachwuchsprobleme muss man sich keine Sorgen machen.

Die starke musikalische Tradition des Salzkammerguts hat auch heutige Musiker beeinflusst, geformt und weit über die Grenzen Österreichs bekannt gemacht. So zum Beispiel Hubert von Goisern, Mitbegründer des sogenannten „Alpenrock“, die „Ausseer Hardbradler“, die „Ausseer Geigenmusi“, die „Grundlseer Geigenmusi“, die „Bradlmusi“ und „die Seer“, um nur einige Interpreten zu nennen.

Bild linke Seite oben: Bürgermusik Bad Goisern
Bild linke Seite unten: Seitlpfeifer und Trommler
Bild rechts oben: Nachwuchs bei den Seitlpfeifern
Bild unten: Kurze Rast

Fasching

Neben dem gemeinsamen Musizieren haben sich im Salzkammergut viele andere Bräuche noch in ihrer ursprünglichen Form erhalten und sind wichtiger Bestandteil des ländlichen Jahreslaufs. Dazu gehören auch die Traditionen zur Faschingszeit, die im Salzkammergut in vielen lokalen Varianten erlebt werden können. Besonders eigentümliche Bräuche haben sich mit den „Flinserln", „Pless" und „Trommelweibern" in Bad Aussee erhalten. In Ebensee haben einst die Salinenarbeiter bei der Faschingsrevolte sogar das Recht auf den arbeitsfreien Faschingsdienstag erkämpft. Noch heute gilt der Ebenseer Fetzenzug am Fetzenmontag als Höhepunkt der als „Ebenseer Nationalfeiertage" bekannten Feierlichkeiten. Die „Fetzen" sind dabei mit Lumpen und geschnitzten Masken verkleidet.

Im Ausseerland beginnt das bunte Treiben am Faschingssonntag und dauert drei „heilige Fåschingståg" lang, während derer die Straßen von „Maschkera", maskierten Gestalten, bevölkert sind. Die Hauptfiguren sind „Pless", „Trommelweiber" und „Flinserln", wobei die „Pless" symbolisch für den Winter stehen. Die Burschen haben Weidenkörbe über den Kopf gestülpt und jagen die Kinder mit auf Stöcken befestigten nassen Lappen. Die Kinder wiederum versuchen, die „Pless" aus dem Ort zu vertreiben.

Am Faschingsmontag und Faschingsdienstag ziehen die „Trommelweiber" mit ihren

Bild oben: Faschingsfahne mit Beigln
Bild links: Ausseer Arbeiter-Trommelweib

großen Grenadiertrommeln mit viel Lärm durch die Gegend. Unter den weißen Nachthemden mit Schlafhauben und den Frauenmasken stecken in Bad Aussee ausschließlich Männer, geteilt in „Arbeiter-" und „Bürgertrommelweiber", die sich zuvor einer harten – und hochprozentigen – Aufnahmeprüfung unterziehen müssen. Diese Tradition geht wohl auf frühere Männerbünde zurück; auf der Fahne der „Trommelweiber" ist das Jahr 1767 vermerkt – es handelt sich bei diesem Umzug also um einen sehr alten Brauch. Ebenfalls auf der Fahne hängen die ringförmigen „Beigln". Dieses Gebäck, auch „Beugl" genannt, ist bereits seit über 500 Jahren als Fastengebäck bekannt. Es stammt vom jüdischen Brauchtumsgebäck „Bejgl" ab, dem es auch in der Form ähnelt.

Bild oben: Kapelle der Arbeiter-Trommelweiber Bad Aussee
Bild unten: Die Flinserlmusik

„Trommelweiber" gibt es auch am Grundlsee sowie in Altaussee, wo wirklich teilweise Frauen unter den Kostümen stecken.

Am Nachmittag des Faschingsdienstags gibt es dann den schönsten Teil des Ausseer Faschings. Die „Flinserlmusik" führt den Zug der „Flinserln" an – in mit Tausenden Pailletten bestickte, farbenfrohe Kleider gehüllte Gestalten. Die

Bild oben: Ein Vergnügen für die Kinder: Die Zuckerl von den Angeln der „Fischer" zu schnappen
Unten: Nur in Altaussee gibt es auch weibliche „Trommelweiber"
Rechte Seite: Arbeiter-Trommelweib in Bad Aussee

„Flinserln" haben sich aus den „Fleckerln", die seit dem 15. Jahrhundert in Obersdorf nachweisbar sind, entwickelt. Sie stellen ein kleines „Rügegericht" dar, sagen Sprüche über Mitbürgerinnen und Mitbürger auf und halten diesen damit einen Spiegel vor. Die Kinder sagen „Flinserlsprüche" auf, als Belohnung werfen die „Flinserlmandln" und „-weibln" Nüsse und Orangen in die Menge. Wenn sich große Kinder dabei vordrängen, werden sie mit auf Stielen befestigten, aufgeblasenen Schweineblasen zurückgehalten.

Oben links: Arbeiter-Trommelweib in Bad Ausse
Oben rechts: Flinserl in Bad Ausse
Unten links: Altausseer Trommelweiber
Rechte Seite: Farbenprächtige und poetische Flinserl

Taubenschütze in Altaussee

Eine weitere wichtige Tradition im Salzkammergut sind die Schützengesellschaften, von denen es immer noch zahlreiche gibt. Ihre Wurzeln reichen zum Teil bis ins 16. Jahrhundert zurück. Das Schützenwesen hat sich entgegen landläufiger Meinungen nicht aus der Jagd entwickelt, sondern diente schon in seinen Anfängen als Zeitvertreib und zum geselligen Beisammensein. Noch immer hat es einen großen Stellenwert; bei Festzügen präsentieren sich stets auch lokale Schützengesellschaften, die unter anderem nach den verschiedenen Waffengattungen unterschieden werden.
Schön anzusehen sind auch die Zielscheiben einiger Schützengesellschaften. Zu bestimmten Anlässen – wie dem Krampusschießen, dem Spanferkelschießen oder zu runden Geburtstagen von Vereinsmitgliedern – entwirft man besonders originelle Gedenkscheiben.
Eine Rarität stellen die Taubenschützen dar, ein Brauchtum, das im Ausseerland wahrscheinlich weit verbreitet war, heute aber nur mehr beim „Schneiderwirt" in Altaussee gepflegt wird. Dabei muss das Ziel mit einer als Taube gestalteten schweren Figur getroffen werden. Über die Entstehung der Taubenschützen ist nur wenig bekannt, wahrscheinlich haben aber Bauern diese günstige Variante des Schützenwesens als Zeitvertreib erfunden.

Bilder oben: Der Taubenschützenverein Altaussee-Schneiderwirt
Bild unten: Bogenschütze

Die „Prangerschützen" dürfen bei vielen traditionellen Anlässen im Salzkammergut nicht fehlen. Vom Eisstockschießen übers Maibaumaufstellen bis hin zu Hochzeiten und Sonnwendfeiern – das laute Krachen der „Böller" gibt den Feierlichkeiten die standesgemäße akustische Begleitung. Geschossen wird mit eigens für diesen Brauch hergestellten „Prangerstutzen", die in der Hand gehalten werden. Das Schießen geht nach einem genau definierten Rhythmus vor sich und wird vom Schützenhauptmann geleitet.

Abendstimmung am Altausseer See

Ausseerland

Vom Hallstätter See und Obertraun kommend erreicht man bald die Grenze der südöstlichsten Region des Salzkammerguts, das Ausseerland, das auch das „steirische Salzkammergut" genannt wird. Es wird nicht nur im Sommer zum Zentrum der hauptsächlich Wiener Sommerfrischler, sondern liegt tatsächlich im geografischen Mittelpunkt Österreichs. Zentrale Stellung nimmt allerdings das Wasser ein: Altausseer See, Grundlsee, Toplitzsee, Kammersee und Ödensee sind nur einige Seen der Region. Umrahmt werden sie vom Loser, der Trisselwand und dem Toten Gebirge; die Gegend bietet damit für jeden Geschmack etwas.

Mit dem Ausseerland begibt sich der Reisende außerdem in ein Gebiet, in dem die historische Abgeschlossenheit des Salzkammerguts bis heute spürbar ist. So ist die Region noch immer durch großes Traditionsbewusstsein gekennzeichnet, das keiner Trachtenvereine – im Ausseerland gibt es keinen einzigen – bedarf, sondern einfach aus Überzeugung gelebt wird. Hier findet sich andernorts schon längst vernachlässigtes Handwerk wie das der Hutmacher, Dirndlschneider, Lederhosenmacher oder Handdrucker. Musik und Brauchtum haben bei allen Generationen ihren festen Platz im Jahreslauf. Authentische Holzhäuser neben eleganten Villen, weitläufige Wiesen und eindrucksvolle Bergkulissen machen das Ausseerland zu einem besonderen Ort – was auch die zahlreichen Gäste, die

man seit dem 19. Jahrhundert hier willkommen heißt, erkannt haben. Dennoch hat sich die Gegend nicht dem Tourismus unterworfen; auch dies ein Aspekt, der einen gerne hier verweilen lässt. Das Ausseerland sieht sich selbstbewusst als eigenständiges Gebiet – nicht zuletzt sagt man über jemanden, der es verlässt, und sei es nur, um sich in einem der angrenzenden Orte niederzulassen, er gehe ins „Ausland".

Bild unten: Frühling am Grundlsee
Nächste Doppelseite: Blick von der Vorderen Sandlingalm über Altaussee und Tressenstein zum Grimming

A.M.E.
11.10.35

Altaussee

Die Reise führt uns zuerst an den Altausseer See, der dem Attribut „Gebirgssee" alle Ehre macht: Er wird dominiert von der Trisselwand, die senkrecht aus dem See aufzuragen scheint, und der Felskrone des Losers. Seine Ufer, nicht verbaut, kann man auf einem sehr schönen Weg umrunden. Dabei wird man nicht nur durch Blicke auf den dunklen See und die Bergwelt belohnt, sondern kommt auch an der idyllischen Seewiese vorbei, wo man im ehemaligen Jagdhaus der Fürstin Hohenlohe-Schillingsfürst einkehren kann.

Der Ort Altaussee liegt am Fuße des Toten Gebirges und direkt am Ufer des Sees. Im Sandling, einem 1717 Meter hohen Berg nordwestlich der Gemeinde, befindet sich das größte Salzvorkommen Österreichs. Sowohl die Ansiedlung am See als auch der Salzabbau wurden 1147 erstmals urkundlich erwähnt, doch Funde zeigen, dass hier bereits in spätrömischer Zeit Menschen gelebt haben. Im Mittelalter trug die Gegend die Bezeichnung „Ma-

Bild linke Seite: Detail einer Altausseer Villa
Bild unten: Obstspalier in Lupitsch

Altausseer Detail

horn", was so viel wie „bei meinem Berghorn, bei meiner Spitze" heißt, später wurde sie „Awsse interior", also „inneres Aussee", genannt. Bis zum 13. Jahrhundert wurde das Salz gleich am Fuße des Berges gesotten, doch als dort die Holzvorkommen zur Neige gingen, wurde eine Alternative notwendig. Herzog Albrecht beschloss, im Tal, wo über die beiden Traunflüsse genügend Holz auch aus entfernter liegenden Gebieten herangeschafft werden konnte, eine Saline zu errichten. So entstand der Markt Aussee, das spätere Bad Aussee, und das „Innere Aussee" wurde zu „Altenaussee", später zu Altaussee. Auch die Bewohner der beiden Orte wurden auf diese Weise getrennt: Von nun an lebten die Bergherren und Knappen in Altaussee, die Salzbeamten und Salinenarbeiter hingegen in Bad Aussee.

Der Salzbergbau im Sandling, der von der Bevölkerung oft einfach der „Salzberg" oder „Berig" genannt wird, ist immer noch in Betrieb, das Schaubergwerk kann besichtigt werden. Bis vor wenigen Jahren konnte man im Bergwerk am Ufer des Salzsees im Rahmen des Festivals „Poesie im Ausseerland" Kunst genießen. Der gebürtige Altausseer Klaus Maria Brandauer hat hier schon gelesen, Felix Mitterer verfasste ein Stück für diese besondere Bühne. Später musste das Theater allerdings aus Sicherheitsgründen geschlossen werden.

Im 19. Jahrhundert entdeckten adelige und großbürgerliche Familien den Altausseer See. Die Sommerfrische entwickelte sich zu einem entscheidenden Wirtschaftsfaktor der Region. Zu den

Bild links: Frühstück am Brückl
Bild rechts: Plättenrudern ist eine Kunst

ersten Gästen zählte Fürst Chlodwig zu Hohenlohe-Schillingsfürst, der das Gebiet anlässlich einer Jagd entdeckt hatte und 1864 das Haus Altaussee Nr. 1 erwarb. Seine Enkelin, die Schriftstellerin Johanna Gräfin zu Eltz, hat 1947 in ihrem Buch *Das Ausseer Land* ihre Liebe zur Region festgehalten.
Den Adeligen und Großbürgern folgten bald Künstler und der Altausseer See wurde für viele Autoren zu einem „riesigen Tintenfass, in das sie ihre Federkiele tauchten", wie Raoul Auernheimer, selbst Schriftsteller, treffend meinte. Nikolaus Lenau, Arthur Schnitzler, Hermann Bahr, Stefan Zweig, Richard Beer-Hofmann, Hermann Broch, Friedrich Torberg, Fritz von Herzmanovsky-Orlando und viele andere waren in Altaussee zu Gast und genossen hier ihre Sommer. Einige wohnten in ihren eigenen Villen, andere in schlichten Privatzimmern bei Altausseer Bauern, die für die Sommerfrischler ihre Häuser räumten und den Sommer mit ihren Familien in der „Sommerkuchl", einem der Nebengebäude, verbrachten.
Auch Hugo von Hofmannsthal verbrachte viele Sommer in Altaussee und 1896 erschien im Simplicissimus unter dem Pseudonym „Loris" Hofmannsthals Erzählung *Das Dorf im Gebirge*, womit Altaussee gemeint war. Der Redakteur der Zeitschrift, Jakob Wassermann, war so beeindruckt von der Beschreibung, dass er ab 1904 regelmäßig in Altaussee zu Gast war und sich ab 1919 mit seiner zweiten Ehefrau Marta Karlweis auf Dauer hier niederließ. 1923 erwarb die Familie mit der „And-

Bild oben: An kalten Wintertagen hält ein Schladminger warm
Bild unten: Friedhof in Altaussee

rian-Villa" ihr eigenes Haus. Für Wassermann wurde auf diese Weise der ehemalige Ferienort zum idealen Lebensmittelpunkt, hier entstand sein erfolgreichster Roman *Der Fall Maurizius*. 1933 wurden seine Bücher von den Nazis verboten und verbrannt und kurz darauf starb Jakob Wassermann an einer schweren Herzattacke.
Auch der „Vater des Zionismus" Theodor Herzl kam mit seiner Familie gerne ins Ausseerland. Der Einfachheit halber ließ er sein Fahrrad jedes Jahr im Ausseerland zurück. Dort stand es noch für lange

Zeit – als Museumsstück im Literatur- und Heimatmuseum in Altaussee. In dem Museum im Kurhaus kann man sich nicht nur über die literarische Vergangenheit und Gegenwart der Gegend informieren, sondern auch in den Werken der Autoren nachlesen. Den sogenannten Literaturgarten des Museums hat die in Altaussee lebende bekannte Literatin Barbara Frischmuth gestaltet. Eine weitere Möglichkeit, den Aufenthalten berühmter Künstler in Altaussee, Bad Aussee und Grundlsee nachzuspüren, ist ein Spaziergang entlang der „Via Artis".

Die Schönheit des Ausseerlandes sowie seine sichere Lage inmitten der Berge blieben leider auch den Nationalsozialisten nicht verborgen. Die zahlreichen jüdischen Sommergäste wurden vertrieben und enteignet, in ihren Häusern verbrachten während des Zweiten Weltkriegs unter anderem Ernst Kaltenbrunner und August Eigruber ihren Urlaub. Nach dem Ende des Dritten Reiches wurden zwar einige der Häuser wieder restituiert, die Tradition der Sommerfrische hatte aber, wie auch an anderen Orten des Salzkammerguts,

Bild oben: Beliebter Treffpunkt: Altausseer Bäckerei
Bild unten: Eingang einer Altausseer Villa

einen unüberwindbaren Einschnitt erlebt.

Die meisten Sehenswürdigkeiten Altaussees sind im ältesten Ortsteil Fischerndorf zu finden. Neben dem Kurhaus befindet sich hier auch der Trinkbrunnen der Glaubersalzquelle. Am Brahmsweg – Johannes Brahms war ebenfalls in Altaussee zu Gast – kann man bis zur Seeklause spazieren, wo die Altausseer Traun aus dem See abfließt. Dort befindet sich die Gradieranlage, eine Freiluft-Inhalationsanlage, bei der Sole auf Tannenreisig tropft.

Zwischen September und Anfang November werden in der alten Fischerhütte („Lechhütte") sogenannte „Lechpartien" gefeiert, eine besondere und alte Tradition im Ausseerland. Das Wort „lech" leitet sich von „laichen" ab, die „Lechpartie" könnte als „Erntedankfest der Fischer" bezeichnet werden. Bei einer „Lechpartie" werden die Saiblinge vom Fischmeister am offenen Feuer zubereitet. Die halb gegrillten, halb geräucherten Fische haben einen einzigartigen Geschmack. Besonders munden sie mit dem „Lupitscher", dem traditionellen „Lechpartie"-Getränk, das aus viel Rum, etwas Wasser, Zucker und Schwarztee zubereitet wird. Wie bei den meisten Festen im Salzkammergut darf natürlich auch bei den „Lechpartien" die entsprechende musikalische Begleitung nicht fehlen!

Der „Lupitscher" ist übrigens nach der nahen Siedlung Lupitsch benannt, einer ehemaligen Strafkolonie, die zwischen Sandling und Pötschenstraße liegt: Auch hier wurde im Mittelalter in einer Sudpfanne Salz produziert. Die Lupitscher nehmen in Altaussee durch ihre Herkunft und Geschichte eine besondere Stellung ein.

Bild linke Seite: Altausseer See mit Trisselwand
Bild rechts: Wanderer auf der Blaa Alm

Jedem Besucher Altaussees fällt sogleich die von weither erkennbare Felskrone des imposanten Losers auf, des 1838 Meter hohen Hausbergs der Gemeinde. Heute ist der Berg auf einer Mautstraße bis zum Bergrestaurant „Loseralm" auf 1640 Metern Höhe befahrbar. Im Winter ist er ein beliebtes Skigebiet, im Sommer bieten sich viele Wanderungen am Loser selbst oder in das Tote Gebirge an. Einzigartige Ausblicke auf den Dachsteingletscher oder über das Ausseerland lohnen diese Mühe. Ein beliebtes Ziel ist auch das sogenannte Loser-Fenster, ein natürlich entstandenes Felstor.

Der Loser ist Teil des Toten Gebirges, eines Plateaugebirges, dessen Name sich vermutlich von der stark verkarsteten und großteils vegetationslosen Oberfläche ableitet. Durch die Verkarstung sind in dem Gebirgsstock zahlreiche Dolinen, Schächte und Höhlen entstanden; insgesamt sind mehr als 600 bekannt. Die längste ist mit 125 Kilometern das Schönberg-Höhlensystem, das Schwarzmooskogel-Höhlensystem bei Altaussee ist rund 56 Kilometer lang und teilweise vereist.

Bild oben: Sommerfrische
Bild unten: Gamskrickel
Bild rechts oben: Blick von der Seewiese zum Dachstein
Bild rechts unten: Spiegelung am Altausseer See

Am ersten Wochenende im September verwandelt sich das beschauliche Altaussee jedes Jahr zu einem großen Vergnügungsrevier. Beim sogenannten Kirtag feiern Einheimische und zahlreiche Gäste, natürlich in Tracht, drei Tage lang. Das Fest findet vor der eindrucksvollen Kulisse des Losers und der Trisselwand statt. Im Mittelpunkt steht das riesige Bierzelt der Freiwilligen Feuerwehr Altaussee, die mit den Einnahmen dieses einen Wochenendes ihre Arbeit für das ganze Jahr finanzieren kann: Beeindruckende 55.000 Krügel Bier werden in dieser Zeit ausgeschenkt, über 10.000 Brathendln und einige Hundert Saiblinge aus den umliegenden Fischereien verspeist. Abseits der leiblichen Genüsse amüsiert man sich bei diversen Kirtagsständen und Attraktionen, trifft Freunde und Bekannte und musiziert und singt zusammen. Ein besonderes Ereignis ist dabei immer die Ankunft der Ebenseer Gruppe, die jedes Jahr über das Tote Gebirge zum Kirtag in Altaussee wandert. Gefeiert wird nicht nur am Samstag, von Einheimischen etwas abschätzig der „Wiener Tag“ genannt, und Sonntag, sondern auch am „Kirimontag“, der ganz den Einheimischen gehört.

Bilder diese Doppelseite: Ein wichtiges Ereignis im Altausseer Jahresablauf – der Kirtag
Nächste Doppelseite: Der Loser von der Blaa Alm gesehen

Bad Aussee

Bad Aussee bildet das Zentrum des Ausseerlandes. Hier wurde bereits im 13. Jahrhundert die Saline errichtet, der Ort zum Markt ernannt. Die Sudpfannen produzierten fleißig Salz, alles strömte nach Aussee, um Salz abzuholen oder Holz zu liefern. Die zahlreichen Bürgerhäuser entlang der Hauptstraße zeugen noch heute von diesem frühen Reichtum Aussees.

In Aussee hatte sich bald eine eigene Organisationsform des Salzabbaus gebildet: Die Betreiberinnen und Betreiber der Sudstätten, genannt die „Hallinger", waren weitgehend unabhängig von den Habsburgern. Wie die „Salz-

Bild links: Standbild von Erzherzog Johann im Bad Ausseer Kurpark
Bild rechts: Blick von der Brücke über die Traun zum „Meranhaus"

fertiger" im Ischlland konnten die Hallinger die vielen Aufgaben rund um das Dörren, Verpacken, Transportieren und den Verkauf des Salzes längst nicht mehr selbst erledigen, sondern beschäftigten Arbeiter für die Tätigkeiten. Mit der Zeit wurden die Hallinger im Ausseerland so mächtig, dass es ihnen gelang, sich dem Einfluss der Landesfürsten immer mehr zu entziehen, was von den Habsburgern mit Argwohn beobachtet wurde. 1334 schließlich wollten sie ihre Macht auch offiziell verbrieft haben: Die landesfürstliche Vorherrschaft sollte in einen genossenschaftlichen Betrieb umgewandelt werden, der den Hallingern unterstehen sollte. Albrecht II. und sein Bruder Otto bürdeten ihnen jedoch für ihre jahrzehntelange Dreistigkeit hohe Strafen auf. Die Genossenschaft wurde zwar gebildet, blieb allerdings ohne Rechte. Durch ihre Geschäftstüchtigkeit gelangten die Hallinger allerdings rasch wieder in ihre alte Machtposition, den Landesfürsten gegenüber blieben sie nun aber loyal. So hatte Friedrich III. zwar einen „Salzverweser" eingesetzt, der ihm direkt verpflichtet war, doch 1422 bekleidete ein Hallinger dieses Amt und beaufsichtigte damit sozusagen sich selbst.

Einen ersten Rückgang erlebte der Ort mit Inbetriebnahme der Saline in Ebensee 1607. Um 1860 wurden die Sudpfannen aus dem Zentrum nach Unterkainisch verlegt, damit konnte sich Aussee zum Kurort wandeln, umso mehr als das Kurwesen dort bereits seit 1501 bestand. Da wird eine schon länger bestehende „Fronbadestube" erstmals urkundlich erwähnt, wo sich die Salinenarbeiter reinigen konnten. Ende des 19. Jahrhunderts wurde die Badestube dann zur noblen „Badeanstalt Vitzthum". Mit den neuen Gästen veränderte sich auch der Markt – im Ortsteil Praunfalk entstanden zahlreiche Villen. 1911 wurde dem Ortsnamen das „Bad" vorangestellt.

Gedenktafel für Anna Plochl

GASTHOF BLAUE TRAUBE
BESITZER: FAM. RUPPE

Kirschtorte
€ 2,80
€ 2,80

Bild linke Seite oben: Gasthof „Blaue Traube" in Bad Aussee
Bild linke Seite unten: Im Café Lewandofsky
Bilder oben: Am Bad Ausseer Wochenmarkt

Ein weiterer Grund für die Bekanntheit des Ortes im 19. Jahrhundert war die schicksalhafte Begegnung zwischen Erzherzog Johann, dem Bruder Kaiser Franz' I., und Anna Plochl, Tochter des Ausseer Postmeisters. Erzherzog Johann hatte eine enge Beziehung zur Steiermark: Er war volksverbunden, kleidete sich nach Landessitte und förderte Wirtschaft und Kultur des Landes. Gleichzeitig war es ihm ein Anliegen, die Steiermark zu modernisieren; so legte er 1811 den Grundstein für das Joanneum in Graz und gründete Bibliotheken und Archive.

Anna und der Erzherzog trafen einander 1819 am Toplitzsee zum ersten Mal, Anna war zu diesem Zeitpunkt fünfzehneinhalb Jahre alt, Johann 37. Zwei Jahre später – Anna hatte inzwischen den Haushalt übernommen, nachdem ihre Mutter im Kindbett gestorben war – sahen sie einander wieder. Der Erzherzog versicherte seiner Angebeteten: „Nanni, ich lasse nicht von Ihnen!" Diese unstandesgemäße Beziehung konnte aber nicht ohne Weiteres legalisiert werden. 1823 bat Erzherzog Johann seinen Bruder, den Kaiser, um seine Einwilligung zur Eheschließung, die dieser allerdings verweigerte. Bereits zuvor war der jüngere Bruder immer wieder mit dem Habsburgerhof in Konflikt gestanden.

Jeden Donnerstag trifft man sich beim Markt am Chlumeckyplatz in Bad Aussee

So bat er Anna als Hausfrau nach Vordernberg und auf den Brandhof, eine weitere Besitzung Johanns.

Noch einige Jahre mussten die beiden sich gedulden; 1829 schließlich gestattete der Kaiser die Heirat und bereits wenige Tage später gaben sie einander in der Kapelle des Brandhofes das Jawort. Ihr 1839 geborener gemeinsamer Sohn Franz war das einzige Kind aus dieser Beziehung und wurde 1845 als Graf von Meran in den erblichen Grafenstand erhoben. Anna Plochl überlebte ihren Mann um 26 Jahre und verbrachte ihren Lebensabend in Bad Aussee. Beide sind in Schloss Schenna in Meran begraben. Zahlreiche steirische Volkslieder besingen den Erzherzog, bereits 1830 entstand der bekannte Erzherzog-Johann-Jodler, der auch heute noch gesungen wird. Ein Denkmal im Kurpark in Bad Aussee erinnert an den beliebten Habsburger. Auch das „Meranhaus" aus dem 16. Jahrhundert befindet sich noch im Besitz der Familie, deren zahlreiche Nachkommen sich gelegentlich im Ausseerland treffen.

Ereignisse rund ums Jahr – Anschlagtafel bei Grundlsee

Der Ausseer Kurpark wurde im 19. Jahrhundert an der Stelle der früheren Sudhäuser angelegt. In ihm befindet sich der „Mittelpunktstein", der Bad Aussee als das geografische Zentrum Österreichs ausweist. Das elegante Kurhaus, heute Veranstaltungszentrum, wurde auf den Grundmauern der mittelalterlichen Saline errichtet. In dem Gebäude ist außerdem das legendäre „Café Lewandofsky" untergebracht, ein traditionelles altösterreichisches Kaffeehaus, das schon seit 1870 zu den beliebtesten Treffpunkten in Bad Aussee gehört. Eine Stärkung ist hier unbedingt empfohlen, ein Platz an einem der Tische im Freien bietet außerdem die beste Möglichkeit, das geschäftige Treiben, vor allem an Markttagen, in Bad Aussee zu genießen.

Ein Spaziergang entlang der Hauptstraße Bad Aussees führt vorbei an zahlreichen historischen Gebäuden vom Kurhaus zum Meranplatz, wo auch das bereits genannte Meranhaus steht. Ebenfalls auf diesem Platz befinden sich das Mauthaus aus dem 16. Jahrhundert, in dem die Salzfuhrleute früher ihre Abgaben leisten mussten, sowie die Alte Steinmühle aus dem 15. Jahrhundert, die ihre wunder-

Musik beim Lewandofsky

Bild links: Der Kammerhof am Chlumetzkyplatz in Bad Aussee
Bild rechts: Die Pfarrkirche St. Paul in Bad Aussee

Der Kammerhof

Auf dem ruhigeren oberen Marktplatz, als Chlumeckyplatz nach einem österreichischen Minister des 19. Jahrhunderts benannt, finden sich die ehemaligen Gebäude der Salinenverwaltung. Das eindrucksvollste davon ist wohl der Kammerhof, mit dessen Bau vor 1395 begonnen wurde. Damit ist er einer der ältesten erhaltenen Profanbauten Österreichs. Bis 1926 war hier das Salzamt untergebracht, seit 1976 befindet sich ein Museum in dem Gebäude. Hier kann man die Geschichte Bad Aussees nachlesen sowie Informationen zu lokaler Tracht, Brauchtum und Musik, aber auch zur Salzgewinnung finden. Im Kaisersaal im 1. Stock wurden Mitte des 20. Jahrhunderts Fresken aus dem Jahr 1740 freigelegt, die die Salzproduktionsstätten des Ausseerlandes zeigen. In dem Saal haben einst Kaiser Friedrich III. und Kaiser Maximilian I. übernachtet, an dessen Besuch im Jahre 1511 auch ein Wappenstein über dem Portal erinnert. Der Chlumetzkyplatz ist besonders an Donnerstagen ein beliebter Treffpunkt, wenn dort in den Sommermonaten der traditionelle Wochenmarkt abgehalten wird. Bei typischer Marktatmosphäre werden neben frischen Lebensmitteln aus der Region, wie Obst und Gemüse, Fleischwaren, Fische, Backwaren und Milchprodukte, auch Gärtnereiprodukte und Kunsthandwerk angeboten.

bare Sgrafittofassade 1600 erhielt. Bemerkenswert ist auch die frühgotische Spitalskirche, die 1395 als Kapelle des angrenzenden Salinenspitals entstand und noch in ihrer mittelalterlichen Form erhalten ist. Schlendert man weiter die Kirchengasse entlang, kommt man an einem weiteren historischen Gebäude vorbei: dem Gasthof „Zur blauen Traube", einem der ältesten Häuser von Bad Aussee. Auf dem oberen Marktplatz, dem Chlumeckyplatz, stehen die ehemaligen Gebäude der Salinenverwaltung, deren eindrucksvollstes der Kammerhof ist.

Faschingskapelle in Bad Aussee

Ein Aufenthalt in Bad Aussee bietet außerdem viele Möglichkeiten, regionaltypische Kleidung zu erstehen. In vielen Geschäften wird zum Teil handgearbeitete Tracht in sehr hoher Qualität angeboten. Hat man einmal etwas Passendes gefunden, kann man sich als Trägerin oder Träger perfekt ins Bad Ausseer Ortsbild einfügen: Hier gehört die Tracht nämlich noch ganz selbstverständlich zur Alltagskleidung.

Etwas außerhalb der Stadt befindet sich das traditionsreiche „Hotel Wasnerin", das der Komponist Wilhelm Kienzl bei seinen Aufenthalten im Salzkammergut noch als „Kaffeewirtschaft" bezeichnete. Später wurde es zu einem mondänen Quartier für die berühmten Besucher Bad Aussees, heute ist es ein Wellness-Resort. Beneidenswert sind die Gäste der „Wasnerin" vor allem wegen des wunderbaren Blicks auf den Dachstein.

15

Neben Feierlichkeiten wie der Fronleichnamsprozession in Hallstatt, dem „Pfeifertag" auf einer der Almen der Region oder dem „Schaftag" in Bad Goisorn bietet das Narzissenfest eine schöne Gelegenheit für eine Reise ins Salzkammergut. Im Frühjahr, zwischen Mitte Mai und Mitte Juni, wenn alle Wiesen und Hänge im Ausseerland vom strahlenden Weiß der „sternblütigen Narzisse" (Narcissus radiiflorus) bedeckt sind, findet jedes Jahr seit 1960 das beliebte Narzissenfest statt. Die eigentliche Heimat dieser Blume ist Südeuropa, sie wurde aber in Mitteleuropa eingebürgert, wo sie in Österreich besonders im Salzkammergut, in der Obersteiermark und im südwestlichen Niederösterreich gedciht.

Beim Narzissenfest werden große, fantasievoll gestaltete, mit Narzissen geschmückte Figuren zuerst bei einem Auto-, dann bei einem Bootskorso präsentiert. Die Figuren, von lokalen Motiven über Tiere bis zu Comic-Figuren – der Fantasie sind hier keine Grenzen gesetzt – werden aus Holz- oder Metallgestellen gestaltet, die dann mit engmaschigem Drahtgitter überzogen werden. Die wichtigste Arbeit kann allerdings erst kurz vor dem Korso erledigt werden. Die

Bild linke Seite: Jede Figur ist ein Kunstwerk
Bild oben: Tagelange Vorbereitungen für das Fest
Bild unten: Narzissenwiese

wunderbar duftenden Narzissen können nur wenige Tage davor gepflückt werden, eine große Menge von Helfern ist hierzu notwendig. Erst in der Nacht vor dem Fest werden die Figuren geschmückt. In jede Öffnung des Drahtgitters wird ein kleiner Strauß Blumen gesteckt – pro Quadratzentimeter drei bis vier Narzissen. Für größere Motive werden bis zu 300.000 Narzissen benötigt und viele Helfer arbeiten meist die ganze Nacht.

Am Sonntag des Narzissenfestes ist es dann so weit. Am Vormittag startet der Autokorso, bei dem an die 40 Figuren gezeigt werden, in Unterkainisch und fährt Richtung Grundl- oder Altausseer See (die Korsos finden abwechselnd ein Jahr am Grundl- und ein Jahr am Altausseer See statt), wo die Figuren auf Boote verladen werden und eine Jury die originellsten prämiert.

Man ist aber auch darauf bedacht, die weiße Pracht entsprechend zu schützen: Wie die Veranstalter versichern, wird nur ein Bruchteil der Narzissen im Ausseerland für die Figuren gepflückt, außerdem schadet das Pflücken den Pflanzen nicht – im Gegenteil, die Zwiebeln werden dadurch sogar gestärkt und blühen im folgenden Jahr noch schöner.

Bilder linke Seite: Bootskorso am Altausseer See
Bild unten: Narzissenwiesen am Grundlsee mit Backenstein

Grundlsee und Toplitzsee

Grundlsee – das bezeichnet sowohl den größten See des Ausseerlandes und der Steiermark als auch einen der Orte an seinen Ufern. Während in Bad Aussee und Altaussee das Salz im Mittelpunkt stand, waren hier Holzwirtschaft und Fischfang jahrhundertelang die wichtigsten Einnahmequellen. Noch immer zieht der Grundlsee viele Fischer an, Geschichten über wahre Riesenfische kursieren in den Wirtshäusern der Gegend. Grundlsee-Fische gelten auch auf den Wiener Fischmärkten als Spezialität, selbst am kaiserlichen Hof wurden sie geschätzt.

Baulich erinnert an diese wichtige Einnahmequelle der große Grundlseer Fischkalter, den man gleich bei der An-

Blühende Bäume am Grundlsee

reise aus Bad Aussee kommend bei der Seeklause, am Beginn des Grundlsees, sieht. Der Fischkalter ist ein Holzbau, der auf Pfählen im Wasser steht und über eine Brücke mit dem Land verbunden ist. Er dient dazu, die gefangenen Fische in Unterwasserkäfigen in ihrem natürlichen Lebensraum auf Vorrat zu halten. Gleich neben dem Fischkalter befindet sich das alte Forsthaus, in dem bis zum 16. Jahrhundert der zuständige Fischmeister wohnte. Etwas weiter die Straße entlang stößt man auf den „Kaiserlichen Stall", ein weiteres besonderes Gebäude in Grundlsee, das noch immer der Doppeladler ziert.

Der Grundlsee im Morgenlicht

Der Name Grundlsee stammt aus dem Altslawischen und leitet sich von „krongl" ab, was rund bedeutet. Der Name des am östlichen Ende des Sees gelegenen Ortes Gößl hat ebenfalls altslawische Wurzeln – „kozilji" bedeutet „Gegend, wo Schafe und Gämsen weiden".

Auch für den heutigen Besucher wird der Bezug zum Holz in der Architektur um den Grundlsee noch deutlich: Viele der Häuser sind nur in ihren Fundamenten gemauert, der Rest ist aus Holz gefertigt. Über der Eingangstür findet sich, wie beinahe überall im Ausseerland, eine Laube, hier „Brückl" genannt. Das „Brückl" war zuerst ein Windfang vor der Haustür, der später zur Veranda erweitert und bis in das Obergeschoss hochgezogen wurde. Später wurde dieses Element für Landhäuser und Villen übernommen und in den oft regenreichen Sommern im Ausseerland kann man, solcherart geschützt, so doch noch im Freien sitzen.

Wie in anderen Orten im Ausseerland auch, reiht sich der Reisende in eine lange Liste prominenter Besucher ein. Passend zum Fischreichtum des Sees waren die ersten Touristen am Grundlsee englische Sportfischer, später folgten Maler, Künstler und Aristokraten. Auch Sigmund Freud logierte im Sommer hier und soll besonders beim Schwammerlsuchen erfolgreich gewesen sein.

Zu Beginn des 20. Jahrhunderts ließ sich Dr. Eugenie Schwarzwald am Grundlsee nieder. Sie hatte 1900 als eine der ersten Österreicherinnen promoviert. Als Pädagogin und Schulreformerin setzte sie sich vehement für die

Bildung von Frauen und Mädchen ein und

engagierte sich in vielen Sozialprojekten. In Grundlsee übernahm sie ein altes Hotel, das sie für ihre Zwecke renovieren ließ. Die „Villa Seeblick" wurde zum Treffpunkt für Künstler, Literaten und Philosophen, vor allem aber für junge, interessierte Menschen. Die Schriftsteller Felix Braun, Franz Theodor Csokor, Klabund, Egon Friedell, Manès Sperber und Jakob Wassermann waren hier zu Gast. Ein reger, demokratischer Gedankenaustausch fand statt, ab 1938 waren Orte wie die „Villa Seeblick" jedoch nicht mehr erwünscht – das sogenannte „Erholungsheim für geistige Arbeiter" wurde geschlossen, Eugenie Schwarzwald ging ins Exil in die Schweiz, wo sie 1940 verstarb.

Am östlichen Ende des Grundlsees liegt die malerische Ortschaft Gößl, die auf jeden Fall besucht werden sollte. Hier hat sich eine einzigartige Form der Rechtsprechung erhalten. Jedes Jahr wird gemeinsam ein „Dorfrichter" ernannt, der bei allfälligen Streitfällen oder Beschwerden gemeinsam mit den ansässigen Bauern im „Gasthof Veit" zu Rate sitzt. Die meisten Probleme können auf diese Art ausdiskutiert und gelöst werden.

Der „Gasthof Veit" ist eine lokale Sehenswürdigkeit für sich. Er wurde 1616 als Bauernhof erbaut, 1886 wurde daraus eine Gastwirtschaft. Heute kann man dort echte bodenständige Küche genießen, wenngleich viele der Gerichte den meisten „Zugereisten" wohl unbekannt sind: „Griaßknon", „Eschbonkoh", „Almraungerln" oder „Hollerpfiff" werden dem ratlosen Gast aber gerne erklärt.

Der Wiener Konrad Mautner ist sicherlich einer der bekanntesten Wahlgrundlseer. Seine Aufzeichnungen zu steirischer Tracht und Brauchtum, zusammengefasst im berühmten *Steiri-*

Stimmungsvolles Detail in Gößl

Fischfang

In einer so stark vom Wasser dominierten Region wie dem Salzkammergut kommt dem Fischfang naturgemäß ein hoher Stellenwert zu. Ortsnamen wie etwa der des Ortsteils Fischerndorf in Altaussee, in dem ursprünglich die Fischer ansässig waren, weisen auf seine große Bedeutung hin. Die Seen der Region gelten als besonders fischreich, neben Forellen gedeihen hier vor allem Saibling und Reinanke sowie Zander, Hecht, Karpfen und Aal. Das relativ kühle, besonders saubere Wasser lässt die Fische langsam wachsen und ihr Fleisch fest und kernig werden – ausgezeichnete Voraussetzungen also für besonders schmackhaften Fisch. Das wissen auch viele Gäste, die im Urlaub selbst in den zahlreichen Seen oder Flüssen angeln wollen.

Die Fangmethode der einheimischen Seefischer hat sich seit prähistorischer Zeit nur wenig verändert, wenn man auch heute statt mit dem Einbaum mit der Plätte – dem regionstypischen flachbödigen Holzboot – auf den See hinausfährt. Damals wie heute werden die Fische mit Netzen gefangen, die abends in 20 bis 40 Metern Tiefe ausgelegt und am Morgen wieder eingeholt werden. Dabei wird gewissenhaft darauf geachtet, das ökologische Gleichgewicht der Seen nicht durch Überfischung zu gefährden.
Seit einiger Zeit werden unter der Marke „Wildfang Naturfisch" auch Fische aus Salzkammergutseen österreichweit vertrieben, wodurch nicht zuletzt die Existenz der wenigen verbliebenen Berufsfischer gesichert wird.

schen Raspelwerk, sind auch heute noch eine überaus wertvolle Quelle. Bereits als Kind verbrachte er seit Ende des 19. Jahrhunderts seine Sommer im Ausseerland, wo die Familie im „Gasthof Veit" wohnte. Mautner erwarb später selbst ein Haus am Grundlsee und eine Holzknechthütte in Gößl. Er liebte Land und Leute um den Grundlsee und wurde hier heimisch. Auch heute noch wird er ob seiner Verdienste um die Erhaltung der steirischen Tradition verehrt. Gerne vergessen sind die Zeiten, in denen die Familie Mautner im Ausseerland nicht mehr erwünscht war.

Farbenspiele – links Hinterer Lahngangsee, rechts Traun bei Gößl

Wandern im Toten Gebirge

Die „Villa Roth" (heute „Schloss Grundlsee"), im 19. Jahrhundert von der gleichnamigen Industriellenfamilie erbaut, hat eine traurige Geschichte. Ende der 1930er-Jahre mietete sich das bekannte Schauspielerehepaar Attila Hörbiger und Paula Wessely für den Sommer in einem Stockwerk des Gebäudes ein. Am 1. September 1939 wurden sie dort von der Kriegserklärung überrascht. Kurz darauf entdeckte man als Folge den Verzweiflungsselbstmord eines jungen jüdischen Paares im selben Haus. Ab 1941 wohnte die Familie Goebbels in der „Villa Roth", einige der Kinder gingen hier sogar in die Schule. Die Nationalsozialisten hatten das Ausseerland zur Sommerfrische für „Volksgenossen" erklärt, es sollte sichergestellt werden, dass hier niemand mehr „durch die Anwesenheit von Juden gestört werde", wie es in einer Verfügung hieß. Nicht wenige Bewohner des Ausseerlandes hatten für diese Maßnahme größtes Verständnis.

Bei Gößl liegt die Mündung des Toplitzbaches, der den Grundlsee mit dem Toplitz- und dem Kammersee verbindet. Die „Drei-Seen-Fahrt" über die miteinander verbundenen Gewässer ist landschaftlich besonders reizvoll.

Historische Bedeutung hat der Toplitzsee zum einen als Ausgangspunkt und Sinnbild für die romantische Beziehung zwischen Erzherzog Johann und Anna Plochl: Am Ufer des Toplitzsees sahen die beiden einander zum ersten Mal. Ein Gedenkstein erinnert an den Tag ihrer Begegnung, wenngleich es nicht der „19. July 1819" war, wie dort geschrieben steht, sondern der 22. August desselben Jahres, wie aus anderen Quellen hervorgeht. Zum anderen steht der See untrennbar mit dem Zweiten Weltkrieg in Verbindung. Hier fanden zwischen 1943 und 1945 zahlreiche waffentechnische Versuche der deutschen Kriegsmarine statt; im „Gasthof Veit" hatte man dazu eine

Bild oben: Vorderer Lahngangsee
Bild unten: Eine Leidenschaft für viele – Schwammerlsuchen, hier ein seltener Herrenpilz

Werkstatt eingerichtet, in der „Villa Roth" war die offizielle Dienststelle. Man plante unter anderem die Unterwasserrakete „Ursel", die allerdings nie realisiert wurde. Gegen Ende des Krieges wurde der Toplitzsee außerdem dafür genutzt, Dinge zu vernichten, die niemand entdecken sollte. So wurden kistenweise gefälschte englische Pfundnoten versenkt, ebenso diverse Maschinen, Waffen und Akten. Angeblich sollen auch Goldreserven der Nazis im See gelandet sein – ein Gerücht, aufgrund dessen schon viele Tauchgänge, auch mit U-Booten, durchgeführt wurden. Bislang konnte man bis auf die gefälschten Banknoten jedoch nichts entdecken.

Abgesehen von diesen historischen Tatsachen ist der Toplitzsee ein landschaftliches Kleinod; seine Ufer sind so steil, dass eine Umrundung unmöglich ist. Man benutzt deshalb eine der motorisierten Plätten und gelangt vom Ende des Toplitzsees in einem kurzen Spaziergang zum Kammersee, in den als kleiner Wasserfall der offizielle Ursprung der Traun rieselt. Der See wirkt in seinem Felskessel etwas düster.

Zwei weitere Seen in der Nähe des Grundlsees sind ausschließlich zu Fuß nach längerem, aber lohnendem Aufstieg zu erreichen: der Vordere und der Hintere Lahngangsee. Die Gebirgsseen beeindrucken durch glasklares Wasser und die Ursprünglichkeit ihrer Fischarten. In den 1950er-Jahren wurden Saiblinge aus den Lahngangseen zur Wiederaufzucht des „echten Grundlsee-Saiblings" verwendet.

Bild oben: Weg zum Toplitzsee entlang der Gößler Wand
Bild unten: Wunderbare Gärten findet man im Ausseer Land, hier in Gößl
Bild rechte Seite: Fassade in Gößl

Bad Mitterndorf

Fährt man von Bad Aussee nicht zum Grundlsee, sondern in südöstlicher Richtung, so ändert sich bald die Landschaft; man erreicht das Hinterbergertal, ein weites, sonniges Hochtal, das sich bis Tauplitz erstreckt. Der Name des Tals leitet sich vom früheren Namen Hinterberg für Bad Mitterndorf ab und bezieht sich auf die Lage des Dorfes, das eben hinter dem Berg, genauer hinter dem Grimming liegt.

Die Gemeinde Pichl-Kainisch ist besonders für den romantischen Ödensee bekannt, viele besondere Pflanzen gedeihen in diesem speziellen Mikroklima. Früher wurde hier auch Torf gestochen, der als Brennmaterial in den Ausseer Sudpfannen eingesetzt wur-

Bild unten: Hinterbergertal mit Grimming
Bild rechte Seite oben: In der Pfarrkirche von Bad Mitterndorf
Bild rechte Seite unten: Herbstlicher Lärchenwald auf der Tauplitzalm

de. Im 13. Jahrhundert wurde das Salz der Saline Aussee von Bauern des Hinterbergertales über die sogenannte Salzstraße bis nach Rottenmann gebracht. Die „Säumer" transportierten die in Stroh gehüllten Salzstöcke mit Saumtieren und auf Wagen. Andere Bauern aus Pichl-Kainisch boten den auf der Salzstraße Reisenden Herberge oder Bewirtung an. Das heutige Pichl-Kainisch hat seine dörflichen Strukturen erhalten, hier finden sich keine Sommerfrische-Villen des Bürgertums, es dominiert bäuerliche Architektur.
Bad Mitterndorf ist ein moderner Kurort mit Thermalbad und traditionsreichem Wintersportzentrum, dem man vor allem den Bauboom der 1970er-

Jahre ansieht. Hier wurden schon im frühen 20. Jahrhundert die ersten österreichischen Skimeisterschaften ausgetragen. Am Ortsrand liegt die größte Naturschanze der Welt, der Kulm, auf dem wichtige Skiflug-Wettbewerbe stattfinden. Die Therme Heilbrunn befindet sich etwas außerhalb des Ortszentrums; bereits die Römer sollen hier in den warmen Quellen gebadet haben.

Wintersportler lockt es von Bad Mitterndorf auf die Tauplitzalm. Man erreicht die Almhochfläche über eine Mautstraße mit wunderbaren Ausblicken auf das Dachsteinmassiv. Auf dem Hochplateau gibt es sechs Seen, was die Tauplitz zum größten Seenhochplateau Mitteleuropas macht. Im Frühsommer ist die Alm mit blühendem Enzian und Almrausch bedeckt – dies macht es etwas leichter, die ins Auge springenden Bausünden der letzten Jahrzehnte zu vergessen.

Bild oben: In Obersdorf
Bild unten: Auf der Tauplitzalm

Bekannt ist Bad Mitterndorf außerdem für das „Hinterberger Nikolospiel", das jedes Jahr am 5. Dezember aufgeführt wird. Seit über hundert Jahren beginnt an diesem Tag mit Einbruch der Dunkelheit in dem kleinen Ort Krungl der Zug der verschiedenen Figuren, die an fünf Plätzen, meist Wirtshäusern, eine bäuerliche Version des Jedermann-Motivs spielen. Einige der Masken, die dabei getragen werden, sind schon sehr alt, sie werden im Heimatmuseum aufbewahrt.

Den Zug führen die „Strohschab" an, die aus gedroschenem Kornstroh gefertigte Gewänder tragen. Charakteristisch sind die Kopfbedeckungen mit ihren meterlangen Hörnern aus drahtverstärkten Strohzöpfen, die in den Himmel ragen. Die „Schab" tragen lange Peitschen, beim Nikolospiel sorgen sie für ausreichend Platz auf den Straßen. Dahinter folgen verschiedene Figuren, wie der „Nachtwächter", der „Bartl" oder die „Habergeiß". Die Bande der Krampusse verbreitet am Ende des Zuges Angst und Schrecken. Doch die sogenannten „Nikolojäger" halten die Krampusse im Zaum und geben Acht, dass das Nikolospiel nicht außer Kontrolle gerät.

Mit ihren langen Peitschen schaffen die „Strohschab" Platz

Die wilden Krampusse im Gefolge des Nikolo

Pürgg

Östlich von Tauplitz und schon am äußersten Rand des Ausseerlandes liegt der Ort Pürgg – ein Bilderbuchdorf, das man unbedingt besuchen sollte. Pürgg liegt auf einem kleinen Plateau, direkt gegenüber dem Grimming, die Häuser drängen sich um zwei Kirchen. Bereits im Mittelalter stand auf der „Purgstallhöhe" mit der Burg Grauscharn eine wehrhafte Anlage. Berühmt ist Pürgg für die Johanneskapelle, die wahrscheinlich schon Teil dieser mittelalterlichen Anlage war. Man nimmt an, dass die Johanneskapelle, von Markgraf Ottokar III. und Abt Gottfried I. von Admont gegründet, wahrscheinlich über einem keltischen Opferplatz errichtet wurde. 1160/1165 wird sie das erste Mal urkundlich erwähnt. Die romanische Ka-

Bild linke Seite: Johanneskapelle mit Grimming
Bild unten: Detail des Katzen-Mäuse-Kriegs

Pfarrkirche von Pürgg

zieht sich die Darstellung auf eine Tierfabel Äsops.

Auch in der zweiten Kirche von Pürgg, St. Georg, im Ortskern gelegen, kann man Fresken betrachten: In der sogenannten Turmläutkammer wurden Wandmalereien, die vom Beginn des 14. Jahrhunderts stammen, freigelegt.

In der Nähe von Pürgg, bereits im Ennstal, befindet sich auf einem Felsvorsprung am Fuß des Grimmings Schloss Trautenfels, das im 13. Jahrhundert als Sperrfeste am Kreuzungspunkt der Salzstraße mit der Strecke durch das Ennstal errichtet wurde. Aus dieser Zeit sind noch mächtige Rundtürme sowie Basteien erhalten, innen finden sich schöne Renaissancefresken und Stukkaturen, die wahrscheinlich 1563 zur Hochzeit des damaligen Schlossbesitzers von einem norditalienischen Künstler geschaffen wurden. Bis zum 16. Jahrhundert wurde das Schloss Neuhaus genannt, daran erinnern noch die wenige Meter westlich des Schlosses gelegenen Reste der evan-

pelle liegt an einem schönen Aussichtspunkt, bemerkenswert ist aber vor allem ihr Inneres mit Fresken aus dem 12. Jahrhundert. An der hinteren Südseite findet sich das berühmteste Motiv, der sogenannte Katzen-Mäuse-Krieg: Mäuse verteidigen mit Pfeil und Bogen ihre Burg gegen angreifende Katzen, von denen eine unter einem Schild Schutz sucht. Vermutlich be-

Bild links: Detail der Pfarrkirche von Pürgg
Bild rechts: Altes Grabkreuz am Friedhof von Pürgg

gelischen Kirche Neuhaus, die zur Zeit der Reformation das bedeutendste religiöse Zentrum im oberen Ennstal war. 1664 erwarb der steirische Graf Siegmund Friedrich von Trauttmansdorff das Schloss, das von da an Trautenfels genannt wurde. Aus dieser Zeit stammen die Fresken von Carpoforo Tencalla, die den großen Marmorsaal zieren.

In dem Schloss, das nach einigen Besitzerwechseln heute der Gemeinde Pürgg-Trautenfels und dem Land Steiermark gehört, ist derzeit ein Landschaftsmuseum zur Geschichte und Kultur der Gegend untergebracht.

Dominiert wird das Hinterbergtal vom Gebirgsstock des Grimmings. Seine imposante Erscheinung ist vor allem darauf zurückzuführen, dass der 2351 Meter hohe Berg frei steht und nicht mit anderen Erhebungen verbunden ist. Lange galt er deshalb auch als der höchste Berg der Steiermark. Geologisch besteht der Grimming aus Dachsteinkalk und stellt eine abgebrochene Scholle des Massivs dar. Der Berg ist bei Wanderern und Bergsteigern beliebt, die einzige Hütte liegt in Talnähe und ist von Trautenfels aus erreichbar.

Kontakte und Adressen

Informationen zum Salzkammergut, Hotels, Restaurants, Veranstaltungen und Ausflugstipps
www.salzkammergut.at

Salzwelten – Salzbergwerke Altaussee und Hallstatt
www.salzwelten.at

Museum Hallstatt
www.museum-hallstatt.at

Gräberfeld Hallstatt
www.salzwelten.at
www.museum-hallstatt.at
www.nhm-wien.ac.at

Inneres Salzkammergut
www.dachstein-salzkammergut.at

Gamsjagatage, Bad Goisern
www.gamsjagatage.at

Hallstatt
www.hallstatt.at

Dachstein, Eishöhle und Mammuthöhle
www.dachstein-salzkammergut.com

Ski- und Wanderregion Dachstein West Gosau – Russbach – Annaberg
www.dachstein.at

Diverse Almen (Hütteneckalm, Hintere Sandlingalm) finden Sie auf:
www.salzkammergut.at

Rudolf Steflitsch-Hackl
www.goiserer.at

Hutmacherei Leithner
www.ausseer-hut.at

Handdruck Sekyra
www.handdrucke.at

Mautner Drucke
www.mautnerdrucke.at

Handwerksbetrieb Raich für Ausseer Dirndln und Lederhosen
Altausseerstraße 59, 8990 Bad Aussee

Maßschneiderei Greul
www.greul.at

Maßschneiderei Georg & René Haselnus
www.handwerkhaus.at

Handwerk im Salzkammergut
www.handwerkhaus.at
www.meisterstrasse.at/home/salzkammergut

Informationen zu Musikveranstaltungen (Pfeifertag, Geigentag etc.)
www.salzkammergut.at

Fasching im Ausseerland
www.fasching-flinserl.at

Ausseerland
www.ausseerland.at

Kirtag in Altaussee
www.bierzelt-altaussee.at

Gasthaus Schneiderwirt, Altaussee 19, 8992 Altaussee

Ski- und Sommerressort Loser, Altaussee
www.loser.at

Blaa Alm
www.blaa-alm.at

Kammerhofmuseum
www.badaussee.at

Kurcafé – Konditorei Lewandofsky Temmel
lewandofskytemmel.com

Gasthof Blaue Traube
www.blauetraube.at

Narzissenfest
www.narzissenfest.at

Gasthof Veit
www.gasthof-veit.com

Tauplitzalm
www.tauplitzalm.at

Pürgg-Trautenfels
www.trautenfels.at

Wir danken allen Privatpersonen, Betrieben und Museen für die Genehmigung zu Aufnahmen und Veröffentlichung.

Literatur

- S.A.M. Adshead: Salt and Civilization. London: MacMillan, 1992
- Ferdinand von Andrian: Die Altausseer. Ein Beitrag zur Volkskunde des Salzkammerguts. Altaussee, 1975 (Originalausgabe 1905)
- Winfried Aubell: Bergmann im Salz. Wels: Welsermühl, 1987
- Bernhard Barta (Hg.): Künstler & Kaiser im Salzkammergut. Wien: Christian Brandstätter Verlag, 2008
- Johanna Gräfin zu Eltz: Das Ausseer Land. Altaussee, 1981 (Originalausgabe 1947)
- René Freund: Aus der Mitte. Skizzen aus dem Salzkammergut. Wien: Picus Verlag, 1998
- Dietmar Grieser: Nachsommertraum. St. Pölten: Niederösterreichisches Pressehaus, 1993
- Volker Hänsel (Hg.): Vom Leben auf der Alm. Ausstellungskatalog. Trautenfels: Verein Schloss Trautenfels, 1988
- Anton Kern u.a. (Hg.): Salz-Reich. 7000 Jahre Hallstatt. Wien: Verlag des Naturhistorischen Museums Wien, 2008
- Alfred Komarek: Ausseerland. Die Bühne hinter den Kulissen. Wien: Kremayr & Scheriau, 1992
- Alfred Komarek: Österreich mit einer Prise Salz. Ein Mineral macht Geschichte. Wien: Kremayr & Scheriau, 1998
- Alfred Komarek: Salzkammergut. Reise durch ein unbekanntes Land. Wien: Kremayr & Scheriau, 1994
- Julia Kospach: Auf ins Salzkammergut. Verborgenes, Skurriles, Kulinarisches. Wien/Bozen: Folio Verlag, 2011
- Mark Kurlansky: Salz. Der Stoff, der die Welt veränderte. Berlin: Ullstein, 2004
- Franz C. Lipp/Eva Bakos (Hg.): Tracht in Österreich. Geschichte und Gegenwart. Wien: Christian Brandstätter Verlag, 2004
- Lutz Maurer (Hg.): Wenn du nur schon bey mir waerest... Aus Tagebüchern und Briefen von Erzherzog Johann und Anna Plochl. Grundlseer Schriften Band 1. Grundlsee, 1997
- Friedrich Morton: Der urzeitliche Salzbergbau in Hallstatt. Wien: Montan Verlag, 1963.
- Yvonne Oswald: Salzkammergut. Wien: Braumüller Lesethek, 2009
- Robert Pauritsch/Norbert Adam: Brauchtum in der Steiermark. Feste, Bräuche, Rezepte. Wien: Styria Verlag, 2007.
- Barbara Reiter/Michael Wistuba: Salzburg & Salzkammergut. Erlangen: Michael Müller Verlag, 2009
- Susanne Rolinek/Gerald Lehner/Christian Strasser: Im Schatten der Mozartkugel. Reiseführer durch die braune Topografie von Salzburg. Wien: Czernin Verlag, 2009
- Viktor Theiss: Erzherzog Johann. Der steirische Prinz. Wien (u.a.): Hermann Böhlaus Nachfolger, 1981.
- Gesine Maria Tostmann: Tracht und Mode in Österreich. Traditionseinflüsse in der Kleidung der Gegenwart. Wien: 1967
- Christoph Wagner/Kurt-Michael Westermann: Salzkammergut. Natur- und Kulturlandschaft. Wien: Edition Christian Brandstätter, 1996
- Franz Winter: Operation Rheingold. Wien: Braumüller Verlag, 2011

Register